CB128460

O MILAGRE DA MANHÃ

Diário

HAL ELROD

O MILAGRE DA MANHÃ
Diário

O segredo para transformar sua vida (antes das 8 horas)

Tradução
Patrícia Azeredo

21ª edição

BestSeller
Rio de Janeiro | 2024

CIP-BRASIL. CATALOGAÇÃO NA FONTE
SINDICATO NACIONAL DOS EDITORES DE LIVROS, RJ

H43d
21ª ed.

Elrod, Hal, 1979-
O Milagre da manhã: Diário / Hal Elrod; tradução de Patrícia Azeredo. – 21ª ed. – Rio de Janeiro: Best*Seller*, 2024.
196 p.

Título original: Miracle Morning Journal
ISBN 978-85-465-0085-7

1. Técnicas de autoajuda 2. Diários I. Título II. Azeredo, Patrícia

18-0997

CDD 158.1
CDU 159.947

Angélica Ilacqua – Bibliotecária – CRB-8/7057

Texto revisado segundo o novo Acordo Ortográfico da Língua Portuguesa.

Miracle Morning Journal
Copyright © 2014 by Hal Elrod International, Inc
Copyright da tradução © 2018 by Editora Best Seller Ltda.

Todos os direitos reservados. Proibida a reprodução,
no todo ou em parte, sem autorização prévia por escrito da editora,
sejam quais forem os meios empregados.

Direitos exclusivos de publicação em língua portuguesa para o Brasil
adquiridos pela
Editora Best Seller Ltda.
Rua Argentina, 171, parte, São Cristóvão
Rio de Janeiro, RJ – 20921-380
que se reserva a propriedade literária desta tradução
Impresso no Brasil

ISBN 978-85-465-0085-7
Seja um leitor preferencial Record.
Cadastre-se no site www.record.com.br e receba informações
sobre nossos lançamentos e nossas promoções.

Atendimento e venda direta ao leitor
sac@record.com.br

"Meu único arrependimento em manter um diário é ter demorado tanto para começar."

— HAL ELROD

SUMÁRIO

www.MiracleMorning.com/Brazil

ESTE DIÁRIO DE *O MILAGRE DA MANHÃ* PERTENCE A:

Nome ______________________________

Endereço ______________________________

____

Telefone ______________________________

Fax ______________________________

E-mail ______________________________

Site/Blog ______________________________

Twitter ______________________________

MEU COMPROMISSO COM O DIÁRIO DE *O MILAGRE DA MANHÃ*:

Eu, ______________________________, me comprometo a escrever neste diário de *O milagre da manhã* todos os dias, por saber que isso vai me proporcionar mais clareza, autoconhecimento e aumentar o compromisso com os objetivos, sonhos e milagres que desejo criar para minha vida. Se perder um dia (porque não sou perfeito e às vezes aparecem situações complicadas na vida), prometo voltar no dia seguinte e recordar os eventos, lições importantes e todos os motivos pelos quais sinto gratidão para preencher o diário. Acredito que sou uma pessoa digna, capaz e que mereço saúde, felicidade, riqueza e sucesso extraordinários como qualquer outro ser humano. Deste dia em diante, vou viver de acordo com essa verdade.

Assinatura: ____________________ Data: __________

www.MiracleMorning.com/Brazil

UM CONVITE ESPECIAL

A COMUNIDADE *THE MIRACLE MORNING*

Os fãs e leitores de *O milagre da manhã* formam uma comunidade extraordinária de indivíduos com ideias parecidas e que acordam todos os dias *com um propósito* e estão dedicados a atingir o potencial ilimitado que existe em cada um de nós. Por ser o idealizador de *O milagre da manhã*, era minha missão criar um espaço na internet onde leitores e fãs pudessem se conectar, além de obter apoio, partilhar opiniões, ajudar uns aos outros, discutir o livro, publicar vídeos, encontrar um parceiro de responsabilização e até trocar receitas e séries de exercícios físicos.

Visite www.MyTMMCommunity.com para se juntar à comunidade de *O milagre da manhã* [em inglês], formada por vários criadores de milagres e realizadores cheios de inspiração e com ideias parecidas. Lá você poderá se conectar com outros praticantes de *O milagre da manhã* (e muitos vêm fazendo isso há anos) para obter mais apoio em sua jornada.

Eu modero a comunidade e apareço por lá de tempos em tempos. Espero esbarrar com você também!

Se quiser falar comigo no Twitter [em inglês], siga @HalElrod. No Facebook, acesse Facebook.com/YoPalHal. Fique à vontade para mandar uma DM, deixar um comentário ou fazer uma pergunta. Vou me esforçar para responder tudo, então em breve nos falamos!

Com gratidão sincera,

Seu amigo Hal Elrod

Introdução

COMO USAR SEU DIÁRIO DE *O MILAGRE DA MANHÃ*

Seja bem-vindo! Parabéns por iniciar o processo cotidiano de dedicar um momento para documentar sua vida neste diário de *O milagre da manhã*. A seguir, darei uma visão geral que ensina a usar o diário para multiplicar seus benefícios e resultados.

O diário de *O milagre da manhã* é dividido por dias e semanas de um ano, feito para você assumir a responsabilidade de escrever diariamente. Você também vai encontrar seções para avaliar seu progresso ao fim de cada semana, após seis meses e no fim do ano, de modo a analisar todas as lições e realizações importantes.

✓ **Diariamente:** Aumente o autoconhecimento... todos os dias.

Escreva no diário de *O milagre da manhã* todos os dias e isso logo se transformará em um hábito que vai melhorar imensamente a sua vida com pouco esforço. Escrever neste diário é um modo comprovado de programar a mente consciente e subconsciente para obter níveis extraordinários de sucesso, além de melhorar a autoestima de forma imediata e contínua ao longo do tempo.

✓ **Semanalmente:** Revise, aprenda e melhore... toda semana.

O espaço no diário de *O milagre da manhã* para revisão semanal permite que você repense a semana, reveja o que escreveu nos últimos sete dias e reconheça suas conquistas e eventuais decepções. Todas elas vão servir de aprendizado e ajudar você a ser uma pessoa melhor ao olhar com franqueza para esses dois aspectos de si e da vida.

✓ **Salvadores de Vida:** Acompanhe seu progresso diário.

Se você leu o livro *O milagre da manhã* já conhece os benefícios transformadores dos Salvadores de Vida para acelerar o desenvolvimento pessoal. Se ainda não leu ou precisa refrescar a memória, incluí um trecho do famoso capítulo "Salvadores de Vida: Seis práticas que vão poupá-lo de uma vida de potencial não atingido".

O último item dos Salvadores de Vida é "Escrita" (e na minha opinião a melhor forma de fazer isso é mantendo um diário). Esse é o momento em que dou mais dicas para você aproveitar ao máximo o processo de escrever no diário de *O milagre da manhã*.

✓ ***O milagre da manhã* de 6 minutos**

Se você não tiver tempo para fazer o que *sabe* que vai ajudar, então precisa reler o trecho do livro que também incluí neste diário: "*O milagre da manhã* de 6 minutos" vai mostrar a você que é possível fazer os seis Salvadores de Vida em apenas 6 minutos por dia, sem perder nenhum dos profundos benefícios de cada item.

CONSIDERAÇÕES FINAIS

Lembre-se: sempre que estiver inaugurando um novo hábito, mudança ou rotina, é normal que no início seja um pouco desconfortável. Se você sentir um pouco de ansiedade ou nervosismo por escrever um diário, saiba que isso é completamente normal. Na verdade, se não sentir nenhum nervosismo, talvez você *não seja* normal (digo isso no bom sentido, claro).

Tenho certeza de que já sabe por experiência própria que dar o primeiro passo é sempre o mais difícil, mas os outros passos vão ficando cada vez mais fáceis. Então, dê o primeiro passo AGORA. Você pode começar lendo os "Salvadores de Vida" e descobrindo as seis práticas que vão poupá-lo de uma vida de potencial não atingido ou pular direto para o dia de hoje e escrever no diário de *O milagre da manhã* (ou fazer as duas coisas).

De um jeito ou de outro, você está prestes a se presentear com o prazer da escrita em um diário, uma das melhores práticas para melhorar a vida que você já experimentou. Que comecem os milagres!

Trecho de O milagre da manhã,
best-seller de Hal Elrod

SALVADORES DE VIDA

Seis práticas que vão poupá-lo de uma vida de potencial não atingido

Sucesso é algo que você atrai pela pessoa em que se transforma.

— **JIM ROHN**

Ter uma vida extraordinária é uma questão de promover melhorias diárias e contínuas nas áreas que mais importam.

— **ROBIN SHARMA**

Estressado. Sobrecarregado. Frustrado. Fracassado. Argh.

Essas são algumas palavras desagradáveis que descrevem de forma terrível, mas bastante precisa, o que a maioria das pessoas sente em relação à vida.

Você e eu sem dúvida vivemos em um dos períodos mais avançados e prósperos da história da humanidade, com mais oportunidades e recursos disponíveis do que nunca. Mas a maioria das pessoas não está usando o potencial ilimitado que existe dentro de si. Eu não me sinto bem com isso, e você?

A LACUNA DE POTENCIAL

Você já sentiu que a vida que deseja levar e a pessoa que você sabe que pode se transformar estão além do alcance? Já buscou um potencial que consegue ver e saber que está lá, sem jamais alcançá-lo? Ao ver pessoas bem-sucedidas em uma área na qual você não é, parece que elas sabem de algo inacessível, pois se você soubesse *o segredo* também seria bem-sucedido nessa mesma área?

A maioria de nós vive no lado errado de uma imensa lacuna de potencial, que separa quem somos de quem podemos ser. Geralmente nos frustramos com a falta de motivação, esforço e resultados consistentes em uma ou mais áreas da vida. Passamos tempo demais *pensando* no que devemos fazer para criar os resultados que desejamos, mas não agimos. Todos sabemos o que precisamos fazer, mas não fazemos isso com comprometimento. Você se identifica com isso?

Essa *lacuna de potencial* varia de tamanho dependendo da pessoa. Você pode sentir que está muito perto do seu potencial e que alguns pequenos ajustes podem fazer toda a diferença. Ou pode sentir o oposto, achando seu potencial tão distante que nem sabe por onde começar. Seja qual for o caso, saiba que é perfeitamente possível e viável viver no lado certo da sua lacuna de potencial e se tornar a pessoa que você é capaz de ser.

Ainda que esteja hoje do lado errado do Grand Canyon do seu potencial, questionando como vai atravessá-lo, ou mesmo que esteja trabalhando para isso, mas empacou e não consegue preencher a lacuna para chegar ao próximo nível, este capítulo vai apresentar seis ferramentas que vão ajudá-lo a sair de onde está agora, aceitando menos do que é possível para você, até se desenvolver e se transformar na pessoa que você *sabe* que pode ser.

SUA VIDA NÃO É O QUE VOCÊ PENSA

A maioria de nós está tão ocupada tentando gerenciar, manter ou apenas sobreviver à nossa "situação" de vida atual que não arruma tempo para manter o foco no que é mais importante: a *vida*. Qual é a diferença? A situação de vida é o conjunto de circunstâncias, eventos, pessoas e lugares *externos* que nos cercam. Mas nós não somos isso. Somos mais do que a situação de vida em que nos encontramos.

Sua *vida* é o que você é em um nível mais profundo. A vida é a soma dos componentes, atitudes e mentalidades *internas* que podem dar a você o poder de ajustar, melhorar ou mudar a situação de vida a qualquer momento.

Sua *vida* é feita das partes *física*, *intelectual*, *emocional* e *espiritual* (F.I.E.E., para simplificar) que compõem todo ser humano. A parte *física* inclui o corpo, a saúde e a energia. A *intelectual* engloba a mente, a inteligência e os pensamentos. A *emocional* leva em conta suas emoções, seus sentimentos e suas atitudes, e a *espiritual* engloba partes intangíveis, como seu espírito, sua alma e o poder superior invisível que cuida de tudo.

Sua *vida* é a parte onde sua capacidade de criar sentimentos, perspectivas, crenças e atitudes no mundo "interior" age para que você possa desenvolver ou alterar circunstâncias, relacionamentos, resultados e tudo mais no reino "exterior" da sua situação de vida. Como muitos sábios ensinaram, *nosso mundo externo é um reflexo do mundo interno.* Em outras palavras, ao separar um tempo e se esforçar diariamente para desenvolver seu F.I.E.E. e se aperfeiçoar cada vez mais, sua situação de vida vai melhorar de modo inevitável e quase automático.

Tomando como exemplo a minha própria jornada transformadora, saindo das profundezas da mediocridade, de inventar desculpas e viver a maior parte do tempo sendo aceitável ou mediano até conquistar objetivos que um dia pareceram impossíveis para mim, posso garantir: o seu compromisso com o desenvolvimento pessoal diário será tão fundamental para sua transformação quanto foi para a minha.

HORA DE GARANTIR A VIDA QUE VOCÊ MERECE

Para muitas pessoas, a vida extraordinária, abundante e cheia de realizações que realmente desejam (a vida *Nível 10*) não chega porque elas estão sobrecarregadas e assoberbadas com a situação de vida diária. A situação de vida delas está devorando todo o tempo de que dispõem, de modo que a vida e tudo o que realmente importa não recebem a devida atenção.

Para garantir que sua vida *Nível 10* não seja abandonada e limitada pelas exigências da sua situação de vida atual, o que acaba levando a uma vida de arrependimentos, potencial desperdiçado e até mediocridade, é preciso definir prioridades e dedicar tempo ao desenvolvimento pessoal todos os dias. Para isso existem os Salvadores de Vida de *O milagre da manhã*: um conjunto de seis regras diárias simples e práticas que melhoram e mudam a sua existência, desenvolvendo um ou mais dos aspectos *físico*, *intelectual*, *emocional* e *espiritual* da vida de modo que você possa se transformar em quem precisa ser para criar a vida que tanto deseja.

Lembre-se: quando você mudar o mundo interno (sua *vida*), o seu mundo externo (sua *situação de vida*) também vai melhorar.

O PRIMEIRO "S" DOS SALVADORES DE VIDA

Não, não é "sono", desculpe. Embora eu saiba que muita gente adoraria fazer sucesso dormindo, a menos que você tenha apelado para a criogenia e esteja esperando uma grande herança na hora de descongelar, a vida não funciona assim.

Aqui estão seis práticas poderosas e comprovadas para o desenvolvimento pessoal conhecidas como Salvadores de Vida, que você vai usar para ter acesso às forças que já existem em você, permitindo-lhe alterar, mudar ou transformar qualquer área da vida. Vamos observar cada uma das seis ferramentas de desenvolvimento pessoal que compõem os Salvadores de Vida e saber como elas vão ajudá-lo a se tornar a pessoa que precisa ser para atrair, criar e viver com facilidade a vida mais extraordinária que já imaginou.

SILÊNCIO

Na atitude do silêncio a alma encontra o caminho em uma luz mais clara, e o que é impreciso e enganoso se transforma em clareza cristalina.

— MAHATMA GANDHI

Você pode aprender mais em uma hora de silêncio do que em um ano de leituras.

— MATTHEW KELLY

O silêncio é a primeira prática dos Salvadores de Vida e pode ser uma das áreas mais significativas a serem melhoradas em nosso estilo de vida barulhento, acelerado e com excesso de estímulos. Estou me referindo ao poder transformador do *silêncio intencional.* “Intencional” significa apenas que você está se engajando em um período de silêncio com um objetivo altamente benéfico em mente, não apenas porque deu vontade. Como Matthew Kelly disse de modo tão eloquente em seu bem-sucedido livro *O ritmo da vida*, “Você pode aprender mais em uma hora de silêncio do que em um ano de leituras”. É uma afirmação poderosa, vinda de um homem muito sábio.

Se quiser reduzir bem depressa o nível de estresse para começar o dia com a calma, clareza e paz de espírito que vão lhe permitir manter o foco no que é mais importante na vida e até flertar com a iluminação, faça o oposto do que *a maioria das pessoas* faz: comece a manhã com um período de silêncio intencional.

Os benefícios transformadores do silêncio foram bastante documentados ao longo do tempo. Do poder da prece à mágica da meditação, algumas das maiores mentes da história usaram o silêncio intencional para transcender as limitações e criar resultados extraordinários.

COMO VOCÊ COSTUMA INICIAR AS MANHÃS?

Você investe tempo para buscar equilíbrio e criar um estado mental excelente que vai durar o dia inteiro? Ou em geral deixa para acordar só quando tem algo para fazer? As palavras *calma*, *tranquila* ou *rejuvenescedora* descrevem a sua manhã? Se for o caso, parabéns! Você já está um passo à frente dos outros.

Para a maioria dos seres humanos, contudo, palavras como *corrida*, *agitada*, *estressante* ou até *caótica* descrevem melhor as suas manhãs. Para outras, *lenta*, *preguiçosa* e *letárgica* pode ser uma descrição mais precisa do início do dia. Qual desses cenários melhor descreve os momentos que sucedem o seu despertar?

As manhãs, para a maioria de nós, costumam ser frenéticas e apressadas. Geralmente corremos de um lado para outro tentando nos arrumar para o dia, e a mente acaba sendo afetada pelo diálogo interno sobre *o que temos que fazer, aonde precisamos ir, quem devemos ver, o que nos esquecemos de fazer, o fato de estarmos atrasados, uma discussão recente com o cônjuge ou um parente.*

Outros têm problemas em iniciar as atividades matinais, sentindo lerdeza, preguiça e desânimo. Então, para a grande maioria, as manhãs são estressantes e atropeladas, ou lentas e improdutivas. Nenhuma dessas opções representa o jeito ideal de começar o dia.

O silêncio é uma das melhores formas de reduzir bem rápido o estresse, aumentando também o autoconhecimento e ganhando a clareza que vai lhe permitir manter o foco diário em seus objetivos, suas prioridades e no que é importante para sua vida.

Aqui estão algumas das minhas atividades favoritas para você escolher e praticar durante o período de silêncio, sem ordem específica, iniciadas por uma meditação simples para você começar bem:

- Meditação
- Oração
- Reflexão
- Respiração profunda
- Gratidão

Em algumas manhãs eu faço apenas uma dessas atividades. Em outras, prefiro combinar mais de uma. Todas essas práticas vão relaxar o corpo e a mente, acalmar o espírito e permitir que você esteja presente e receptivo aos benefícios dos outros Salvadores de Vida do seu *Milagre da manhã*.

É muito importante não ficar na cama para essa prática. Aliás, o ideal é que você saia do quarto. O problema de ficar no quarto, onde a cama confortável está no seu campo de visão, é que fica fácil demais passar do *silêncio* para a preguiça e voltar a dormir. Sempre fico sentado no sofá da sala, onde tudo de que preciso já está preparado para o *Milagre da manhã*. Minhas afirmações, meu diário, meu DVD de ioga, o livro que estou lendo no momento, tudo está em seu lugar todos os dias para que de manhã seja fácil mergulhar nisso e me envolver no *Milagre da manhã* sem ter que procurar nada.

MEDITAÇÃO

Como existem vários livros, artigos e sites excelentes voltados para a meditação, não vou descrever em muitos detalhes os benefícios comprovados e os vários tipos de meditação. Vou apenas mencionar alguns aspectos que considero mais relevantes e dar a você o passo a passo de uma meditação simples para começar sem demora.

A essência da meditação é simplesmente ficar em silêncio ou concentrar a mente por um determinado período de tempo. Talvez você não esteja ciente de todos os benefícios extraordinários dessa prática para a saúde, mas vários estudos mostram que a meditação pode ser mais eficaz que a *medicação*. Estudos vinculam a meditação regular a mudanças no metabolismo, na pressão sanguínea, na ativação cerebral e em outras funções mentais e corporais. Ela pode aliviar o estresse e a dor, melhorar o sono, o foco e a concentração e até aumentar a expectativa de vida. A meditação também exige pouquíssimo tempo. Você pode aproveitar seus benefícios meditando por poucos minutos do dia.

Celebridades, CEOs e pessoas altamente bem-sucedidas como Jerry Seinfeld, Sting, Russell Simmons, Oprah e vários outros declararam publicamente que meditar com frequência, muitas vezes de forma diária, se tornou algo crucial para suas vidas. O CEO da Tupperware® Rick Goings afirmou em entrevista ao *Financial Times* que tentava meditar pelo menos vinte minutos todos os dias: "Para mim, é a prática que não só elimina o estresse como me dá um novo olhar para perceber o que está acontecendo e o que mais importa." Oprah declarou ao Dr. Oz que a meditação transcendental a ajudou a se "conectar com aquilo que é Deus", segundo o *Huffington Post*.

Existem muitos gêneros e tipos de meditação, mas em termos gerais você pode dividi-la em duas categorias: "guiada" e "individual". Meditação guiada é aquela em que você ouve a voz de outra pessoa e recebe instruções para guiar os pensamentos, o foco e a consciência, enquanto a individual é a que se faz sem a ajuda de ninguém.

MEDITAÇÃO DE *O MILAGRE DA MANHÃ*

Para obter acesso exclusivo às meditações guiadas que criei especificamente para você usar durante a prática de *O milagre da manhã*, reserve um tempinho para baixar o novo aplicativo [em inglês] *Miracle Morning* para iPhone/iPad (também disponível para Android) na loja de aplicativos do seu celular.

Você pode usar esta meditação individual simples com um passo a passo durante o seu *Milagre da manhã*, mesmo que nunca tenha meditado.

- Antes de começar a meditação, é importante preparar a mente e definir suas expectativas. Esse é o momento para aquietar a mente e abrir mão da necessidade compulsiva de *pensar* em algo o tempo todo, seja revivendo o passado, alimentando o estresse ou se preocupando com o futuro, sem nunca viver plenamente o presente. É hora de abrir mão do estresse, dar uma pausa na preocupação com seus problemas e estar por inteiro *no agora*. É nesse instante que você vai acessar a essência de quem é *de verdade* e mergulhar mais fundo, indo além do que você tem, do que faz ou dos rótulos que aceitou como "quem você é", algo que a maioria das pessoas nunca tentou. Acessar a essência de *quem você é de verdade* em geral é chamado de "apenas ser". Não pensar, não fazer, apenas *ser*. Se isso parece estranho ou "Nova Era" demais, tudo bem. Eu também estranhava. Provavelmente é porque você nunca experimentou, mas ainda bem que está prestes a começar.
- Encontre um local tranquilo e confortável. Você pode se sentar no sofá, em uma cadeira, no chão ou em uma almofada, para ter mais conforto.
- Sente-se com a coluna reta e as pernas cruzadas. Pode fechar os olhos ou olhar para o chão, cerca de meio metro à sua frente.
- Comece mantendo o foco na respiração lenta e profunda. Inspire pelo nariz, expire pela boca e encha a barriga de ar em vez do peito. A respiração mais eficaz deve fazer sua barriga se expandir, não o tórax.
- Agora comece a marcar o ritmo da respiração, inspirando devagar em uma contagem de três segundos (dizendo mentalmente "mil e um, mil e dois, mil e três"), e depois expire devagar em uma contagem de três segundos (mil e um, mil e dois, mil e três). Sinta os pensamentos e as emoções se acalmarem enquanto se concentra na respiração. Tenha consciência de que, ao tentar acalmar a mente, os pensamentos ainda virão fazer uma visita. Apenas reconheça a existência deles e deixe-os ir embora, sempre voltando o foco para a respiração.

- Lembre que este é o momento de abrir mão da necessidade compulsiva de *pensar* em algo o tempo todo. É a hora de abrir mão do estresse e dar uma pausa na preocupação com os problemas. É hora de estar por inteiro *neste momento*. Isso é conhecido como apenas *ser*. Não pensar, não fazer, apenas ser. Continue a se concentrar na respiração e se imagine inspirando energia positiva, amorosa e tranquila e expirando todas as suas preocupações e o estresse. Aprecie a quietude. Aprecie o momento. Apenas respire... *Apenas seja*.
- Se você experimentar um fluxo constante de pensamentos, talvez seja bom se concentrar em uma palavra ou frase e repeti-la mentalmente enquanto inspira e expira. Por exemplo, você pode tentar algo como: "Eu inspiro paz..." (ao inspirar) "Eu expiro amor..." (ao expirar). "Eu inspiro paz..." (inspira). "Eu expiro amor..." (expira). Você pode trocar as palavras *paz* e *amor* por qualquer outra de que você precise mais na vida (confiança, fé, crença etc.) ou que você deseje dar mais ao mundo.
- A meditação é um presente que você pode dar a si mesmo diariamente. E é mesmo um presente incrível. O tempo que passo meditando virou uma das partes favoritas do meu dia. É o momento de estar em paz, vivenciar a gratidão e se libertar do estresse e das preocupações do cotidiano. Pense na meditação diária como férias dos seus problemas. Embora eles continuem lá quando terminar a meditação, você vai descobrir que está muito mais equilibrado e mais bem-preparado para resolvê-los.

CONSIDERAÇÕES FINAIS SOBRE O SILÊNCIO

Não há um jeito certo de passar tempo em silêncio. Você pode rezar, meditar, concentrar-se nos motivos pelos quais sente gratidão ou até se engajar em pensamentos profundos. Para mim, ficar sentado em silêncio, ainda mais meditando, foi muito difícil no começo, provavelmente porque tenho o que os médicos diagnosticaram como transtorno de déficit de atenção e hiperatividade. Não sei se concordo com o diagnóstico ou mesmo com a ideia de que TDAH seja um "transtorno" (esse é um assunto para outra hora), mas posso atestar que sem dúvida é um desafio ficar sentado e acalmar a mente. Os pensamentos tendem a entrar e sair, correndo e quicando como uma bolinha na máquina de pinball, quase sem parar.

Então, mesmo que eu fique *em silêncio*, minha mente continua acelerada. O fato de estar sentado e limpar a mente ser tão difícil era o motivo exato pelo qual eu precisava me comprometer e superar isso. Levei três ou quatro semanas praticando o silêncio todos os dias antes de me sentir competente. Cheguei a um ponto em que permitia a entrada dos pensamentos, reconhecia a existência deles com tranquilidade e depois os afastava sem me frustrar. Então, não desanime se no começo for difícil passar um tempo em silêncio ou meditando.

Quanto à duração do seu período de silêncio intencional, recomendo começar com cinco minutos, embora no próximo capítulo eu ensine a aproveitar os benefícios transformadores do silêncio em apenas sessenta segundos por dia! Quando comecei essa prática, ficava sentado em silêncio, calmo e tranquilo, fazia uma oração, meditava, ponderava sobre os motivos pelos quais era grato e apenas respirava bem fundo por cinco minutos. É um jeito tranquilo e perfeito de começar o dia.

AFIRMAÇÕES

É a repetição das afirmações que leva à crença. Quando essa crença vira uma convicção profunda, tudo começa a acontecer.

— MUHAMMAD ALI

Você vai ser um fracasso até gravar no subconsciente a convicção de que é um sucesso. Para conseguir isso, é preciso fazer uma afirmação que funcione.

— FLORENCE SCOVEL SHINN

"Eu sou o maior!" Muhammad Ali afirmou essas três palavras repetidamente até se *transformar* nelas. As afirmações são uma das ferramentas mais eficazes para se transformar depressa na pessoa que você precisa ser para conquistar tudo o que deseja. Elas permitem criar e desenvolver a mentalidade (pensamentos, crenças, foco) necessária para melhorar qualquer área da vida.

Não é coincidência que algumas das pessoas mais bem-sucedidas da sociedade, celebridades como Will Smith, Jim Carrey, Suze Orman, Muhammad Ali, Oprah e tantos outros, tenham expressado abertamente a crença de que o pensamento positivo e o uso de afirmações ajudaram em suas jornadas rumo ao sucesso e à riqueza.

Talvez você não saiba, mas ter um diálogo interno constante não é só para os loucos. Cada um de nós tem um diálogo que acontece na cabeça de forma quase ininterrupta. A maior parte dele é inconsciente, isto é, não escolhemos os temas dessa conversa e permitimos que as experiências passadas (boas e más) se repitam para sempre em nossa cabeça. Isso não só é perfeitamente normal como é um dos processos mais importantes a serem aprendidos e dominados por nós. No entanto, pouquíssimas pessoas assumem a responsabilidade de escolher pensar de modo positivo e proativo, acrescentando valor à vida.

Recentemente li uma estatística segundo a qual 80% das mulheres têm pensamentos autodepreciativos (em relação à imagem corporal, desempenho no trabalho, opinião dos outros sobre elas) ao longo do dia. Tenho certeza de que os homens também fazem isso, mas provavelmente em escala menor.

O seu diálogo interno influencia e muito o seu nível de sucesso em todos os aspectos da vida: confiança, saúde, felicidade, riqueza, relacionamentos. Suas afirmações trabalham a seu favor ou contra você, dependendo de como elas são utilizadas. Se não criar e escolher suas afirmações com consciência, você estará suscetível a repetir e reviver os medos, as inseguranças e as limitações do passado.

Por outro lado, quando você cria e escreve suas afirmações para se alinhar com o que deseja conquistar e quem você precisa ser para realizar seus sonhos (e se compromete a repeti-las todos os dias, de preferência *em voz alta*), elas deixam uma impressão no subconsciente de modo imediato. Suas afirmações vão transformar seu modo de pensar e sentir, a fim de que você consiga superar as crenças e comportamentos limitantes e substituí-los por aqueles que você precisa para ter sucesso.

COMO AS AFIRMAÇÕES MUDARAM MINHA VIDA

Meu primeiro contato real com o poder das afirmações aconteceu quando eu morava com um dos meus amigos mais bem-sucedidos, Matt Recore Quase todo dia eu ouvia Matt gritando no chuveiro do quarto dele. Pensando que ele estava me chamando, eu me aproximava da porta do quarto e descobria que ele gritava frases como: "Estou no controle do meu destino! Mereço ser um sucesso! Estou comprometido a fazer tudo que preciso hoje para alcançar meus objetivos e criar a vida dos meus sonhos!" *Que sujeito esquisito*, eu pensava.

O único contato anterior que eu tivera com as afirmações tinha sido em um esquete do humorístico *Saturday Night Live* nos anos 1990, no qual o personagem de Al Franken chamado Stuart Smalley costumava encarar o espelho e repetir para si: "*Sou bom o bastante, sou inteligente o bastante e, diabos, as pessoas gostam de mim!*" Por causa desse personagem, eu via as afirmações como uma piada. Mas Matt sabia das coisas. Como seguidor de Tony Robbins, ele vinha usando as afirmações e máximas havia anos para alcançar níveis extraordinários de sucesso. Dono de cinco casas e um dos maiores engenheiros de redes do país (tudo isso aos 25 anos), eu devia ter imaginado que Matt sabia o que estava fazendo. Afinal, era eu que estava alugando um quarto na casa *dele*. Infelizmente levei mais alguns anos para entender que as afirmações são uma das ferramentas mais poderosas para transformar a vida de uma pessoa.

Minha primeira experiência direta com o uso de afirmações aconteceu quando li sobre elas no lendário livro de Napoleon Hill, *Pense e enriqueça* (o qual recomendo muito, por sinal). Embora não acreditasse que a repetição e as afirmações iriam gerar algum impacto mensurável em minha vida, resolvi dar uma chance a elas. Se isso funcionou para Matt, poderia funcionar para mim. Escolhi como alvo a crença limitante que tinha desenvolvido ao sofrer um dano cerebral após um acidente de carro: *Tenho uma péssima memória*.

Se você leu meu primeiro livro, *Taking Life Head On!*, sabe que minha memória de curto prazo quase desapareceu depois que sofri esse acidente de carro. Embora isso tenha levado a alguns incidentes bem engraçados, minha memória era tão ruim que amigos e parentes passavam horas me visitando no hospital, faziam uma pausa rápida para o almoço e, na volta, eu os cumprimentava como se não os visse havia anos.

Enfrentar uma limitação física concreta devido a uma lesão cerebral traumática me levou a reforçar a crença de que *tenho uma péssima memória*.

Sempre que alguém pedia para eu me lembrar de algo, eu respondia: "Até queria, mas não posso. Tenho péssima memória de curto prazo por conta de um dano cerebral."

Na época fazia sete anos que eu havia sofrido o acidente, e, embora essa crença tenha se baseado na minha realidade *até então*, estava na hora de abandoná-la. Talvez minha memória fosse *péssima* porque eu nunca tinha feito o esforço de acreditar que poderia melhorar. Como disse Henry Ford: "Se você pensa que pode ou se pensa que não pode, você está certo de qualquer maneira."

Se as afirmações mudassem minha crença limitante (que em minha opinião era a mais *justificada*), provavelmente poderiam mudar tudo. Então criei minha primeira afirmação. Ela dizia assim: "Estou abrindo mão da crença limitante de que tenho péssima memória. Meu cérebro é um organismo milagroso, capaz de se curar, e minha memória pode melhorar, mas só se eu acreditar que ela pode melhorar. Por isso, a partir deste momento, estou mantendo a crença inabalável de que tenho excelente memória e de que ela melhora a cada dia."

Eu lia essa breve afirmação todos os dias durante minha prática de *O milagre da manhã*. Ainda programado com as antigas crenças, eu não tinha certeza se estava funcionando. Até que, dois meses após o primeiro dia recitando a afirmação que acabei de mostrar, aconteceu algo que não me acontecia havia sete anos. Uma amiga pediu para eu *lembrar* de telefonar para ela no dia seguinte, e eu respondi: "Claro, sem problemas!" Assim que as palavras saíram da minha boca, arregalei os olhos e fiquei empolgado! A crença limitante em relação a minha péssima memória estava perdendo força. Eu tinha substituído e reprogramado meu subconsciente com uma crença nova e poderosa usando minhas afirmações.

A partir daquele momento, quando adquiri também a crença de que *afirmações realmente funcionam*, não só minha memória continuou a melhorar como criei afirmações sobre todas as áreas da vida que desejava aperfeiçoar. Comecei a usar afirmações para melhorar a saúde, as finanças, os relacionamentos, a confiança e a própria felicidade, além de toda e qualquer *crença, mentalidade* e *hábito* que precisassem ser melhorados. Valia tudo. Não havia limites!

COMO VAI A SUA PROGRAMAÇÃO?

Todos nós fomos programados no nível subconsciente para pensar, acreditar e agir como agimos. Nossa programação é resultado de muitas influências, incluindo o que outros nos falaram, o que dizemos a nós mesmos e todas as nossas experiências de vida, tanto boas quanto ruins. Alguns de nós temos programações que tornam mais fácil sermos felizes e bem-sucedidos, enquanto outros, possivelmente a maioria, temos programações que dificultam nossa vida.

A *má notícia* é que, se não mudarmos essa programação por conta própria, nosso potencial será esmagado e teremos a vida prejudicada pelos medos, pelas inseguranças e limitações do passado. Devemos parar de nos programar para uma vida de mediocridade. Fazemos isso colocando o foco no que estamos fazendo de errado, sendo duros demais conosco quando cometemos erros, gerando sensações de culpa, inadequação e de não sermos merecedores do sucesso que realmente desejamos.

A *boa notícia* é que essa programação pode ser modificada ou melhorada a qualquer momento. Podemos nos reprogramar para superar todos os nossos medos, nossas inseguranças ou nossos hábitos ruins, bem como quaisquer crenças e comportamentos limitantes e destrutivos que tenhamos agora, para que possamos ser bem-sucedidos como queremos em qualquer área da vida.

Você pode usar afirmações e começar a se programar para ser confiante e ter sucesso em tudo o que faz apenas dizendo repetidas vezes quem você quer ser, o que deseja conquistar e como vai conquistar isso. Com as repetições, o subconsciente vai começar a acreditar no que você disse, agindo de acordo com as novas crenças e manifestando isso em sua realidade.

Escrever as suas afirmações lhe permite direcionar a nova programação para uma determinada condição ou estado mental desejado, pois você vai revisitá-las de modo comprometido. Repetir constantemente uma afirmação vai fazer sua mente aceitá-la, gerando mudanças em seus pensamentos, crenças e comportamentos. Como você é quem escolhe suas afirmações, poderá criá-las de modo a estabelecer os pensamentos, as crenças e os comportamentos que deseja e de que precisa para ter sucesso.

COMO CRIAR SUAS AFIRMAÇÕES EM CINCO PASSOS SIMPLES

Aqui estão cinco passos simples para criar sua primeira afirmação, seguidos por um link onde você poderá baixar de graça as afirmações de *O milagre da manhã*:

Passo 1: O que você realmente quer

O objetivo de escrever uma afirmação é programar sua mente com as crenças, atitudes e os comportamentos/hábitos cruciais para conseguir atrair, criar e manter o nível ideal de sucesso (o sucesso *Nível 10*) em todas as áreas da vida. Portanto, sua afirmação precisa articular com clareza e exatidão a vida ideal que você deseja, em todas as áreas.

Você pode organizar as afirmações de acordo com as áreas que mais precisa melhorar, como saúde/forma física, mentalidade, emoções, finanças, relacionamentos, espiritualidade etc. Comece esclarecendo por escrito o que realmente deseja, definido a visão ideal para si e para sua vida, em todas as áreas.

Passo 2: Por que você quer

Como disse meu bom amigo Adam Stock, presidente da Rising Stock, Inc.: "O sábio começa com os *porquês*." Todo mundo quer ser feliz, saudável e ter sucesso, mas querer raramente é uma estratégia eficaz para conseguir. Quem supera as tentações da mediocridade e conquista tudo o que deseja na vida é movido por um *porquê* extraordinariamente irresistível. Essas pessoas definiram um objetivo claro para a sua existência, que é mais poderoso do que a soma dos pequenos problemas e incontáveis obstáculos que sem dúvida vão enfrentar, e acordam e trabalham todos os dias para conquistar esse objetivo.

Saber no fundo do seu ser por que você quer algo é importante. Ter clareza absoluta em relação aos seus *porquês* mais íntimos vai lhe dar um propósito imbatível.

Passo 3: Quem você se compromete a *ser* para criar isso

Como meu primeiro coach, Jeff Sooey, costumava dizer, *é nessa hora que a borracha encontra o asfalto.* Em outras palavras, a vida só melhora depois que *você* melhora. O seu mundo interno só melhora após investir incontáveis horas no seu aperfeiçoamento. *Ser* (quem você precisa) e *fazer* (o que você precisa) são pré-requisitos para *ter* o que você deseja. Seja claro em relação a quem você precisa ser, e tenha o *compromisso* de ser assim para melhorar sua vida, empresa, saúde, seu casamento etc.

Passo 4: O que você se compromete a *fazer* para conseguir isso

O que você precisará fazer para ter uma base consistente e transformar sua visão de vida ideal em realidade? Quer perder peso? Sua afirmação pode dizer algo como: "Eu me comprometo 100% a frequentar a academia cinco dias por semana e correr na esteira por no mínimo vinte minutos." Se você trabalha com vendas, sua afirmação pode dizer: "Eu me comprometo a fazer vinte ligações para prospectar clientes todos os dias, entre 8 e 9 da manhã." Quanto mais específicas forem as suas ações, melhor. E não deixe de incluir a frequência, a quantidade e os horários precisos para o início e o fim de suas atividades.

Também é importante começar devagar. Se você não vai à academia, mudar para cinco dias por semana por vinte minutos é um salto imenso. É importante ter etapas gerenciáveis para notar os pequenos sucessos ao longo do caminho, ter uma sensação boa e não perder a motivação por definir expectativas altas demais. Você pode chegar ao objetivo ideal aos poucos. Comece escrevendo um objetivo diário ou semanal e depois decida quando aumentá-lo. Após algumas semanas cumprindo o objetivo de ir à academia duas vezes por semana por vinte minutos, você pode passar para três dias por semana por vinte minutos e por aí vai.

Passo 5: Use frases e filosofias inspiradoras

Estou sempre procurando frases e filosofias para acrescentar às minhas afirmações. Por exemplo, uma das minhas afirmações vem do livro *Reinventando o seu próprio sucesso,* de Marshall Goldsmith, que diz: "A principal habilidade dos influenciadores é o esforço sincero para fazer uma pessoa se sentir a mais importante do mundo. É uma das habilidades que Bill Clinton, Oprah Winfrey e Bruce Goodman usaram para serem os melhores em suas áreas. Vou fazer isso com todas as pessoas que encontrar!"

Outra das minhas afirmações diz: "Siga o conselho de Tim Ferris: Para aumentar a produtividade, reserve blocos de três a cinco horas ou metade de um dia para concentrar a atenção em UMA única atividade ou projeto, em vez de mudar de tarefa a cada sessenta minutos."

Sempre que você ler ou ouvir uma frase inspiradora ou encontrar uma filosofia ou estratégia interessante e pensar: *Essa é uma área fundamental em que preciso melhorar,* coloque-a em suas afirmações. Ao se concentrar nelas diariamente, você vai integrar essas filosofias e estratégias ao seu modo de pensar e viver, consequentemente melhorando seus resultados e qualidade de vida.

CONSIDERAÇÕES FINAIS SOBRE AFIRMAÇÕES

- Para que as afirmações sejam eficazes, é importante canalizar suas emoções ao lê-las. Repetir uma frase várias vezes sem *sentir* a verdade dela terá um impacto mínimo sobre você. É preciso assumir a responsabilidade por gerar emoções autênticas e injetá-las em toda afirmação que você repetir para si. Divirta-se com isso. Se você se empolgou com uma afirmação, pode até dançar e gritá-la do alto do prédio!
- Também pode ser benéfico incorporar uma *fisiologia* intencional, como recitar suas afirmações de pé, respirando profundamente, de punhos cerrados ou se exercitando. Combinar atividade física a afirmações é uma excelente forma de invocar o poder da conexão entre mente e corpo.

- Lembre-se de que suas afirmações nunca serão uma versão "finalizada", porque estarão em constante atualização. À medida que você aprende, cresce e evolui, suas afirmações farão o mesmo. Ao criar novos objetivos, sonhos, hábitos ou filosofias que deseja integrar à vida, coloque-os em suas afirmações. Quando você conquistar um objetivo ou integrar um novo hábito a sua vida, é possível que perceba que não é mais necessário se concentrar nele todos os dias e consequentemente poderá retirá-lo de suas afirmações.
- Por fim, é preciso estar comprometido com as afirmações *diariamente*. Isso mesmo: é preciso ler todos os dias. Dizer as afirmações de vez em quando é tão eficaz quanto se exercitar "quando dá na telha". Você não vai notar resultados mensuráveis enquanto esse hábito não fizer parte da sua rotina diária. É basicamente isso o que o "Desafio de transformação de vida em trinta dias de *O milagre da manhã*" vai fazer: transformar cada um dos Salvadores de Vida em um hábito que você praticará sem esforço.
- *Outro ponto importante*: ler este ou qualquer livro *conta* como uma afirmação. Tudo o que você lê influencia seus pensamentos. Ao ler assiduamente livros e artigos positivos de aperfeiçoamento pessoal, você está programando a mente com os pensamentos e crenças que vão ajudar a criar seu sucesso.

VISTE WWW.MIRACLEMORNING.COM/BRAZIL SE QUISER:

- Obter ajuda para criar e aperfeiçoar suas afirmações
- Ver uma amostra das minhas afirmações pessoais
- Ver e baixar afirmações altamente eficazes de *O milagre da manhã* sobre vários assuntos, como *perder peso, melhorar os relacionamentos, aumentar a disposição, desenvolver autoconfiança extraordinária, ganhar mais dinheiro, superar a depressão* e muito mais.

Salvadores de Vida

VISUALIZAÇÕES

Pessoas comuns só acreditam no possível. Pessoas extraordinárias não visualizam o que é possível ou provável, e sim o que é impossível. E, ao visualizar o impossível, elas começam a vê-lo como possível.

— CHERIE CARTER-SCOTT

Veja tudo como você gostaria de ter em vez de como realmente é.

— ROBERT COLLIER

A visualização, também conhecida como *visualização criativa* ou *ensaio mental*, é a prática de gerar resultados positivos no mundo externo usando a imaginação para criar imagens mentais de comportamentos e resultados específicos que ocorrem em sua vida. Usada com frequência por atletas para melhorar o desempenho, a visualização é o processo de imaginar exatamente o que você deseja conquistar ou obter e ensaiar na sua mente o que precisa fazer para conquistar ou obter isso.

Muitos indivíduos altamente bem-sucedidos, incluindo celebridades, defenderam a visualização, alegando que ela teve papel importante em seu sucesso. Astros e estrelas como Bill Gates, Arnold Schwarzenegger, Tony

Robbins, Tiger Woods, Will Smith, Jim Carey e, mais uma vez, a primeira e única Oprah (Humm... Será que há alguma ligação entre Oprah ser uma das mulheres de maior sucesso no mundo e o fato de ela praticar a maioria, se não *todos* os seis Salvadores de Vida?).

Tiger Woods, um dos maiores golfistas de todos os tempos, é famoso por usar a visualização para ensaiar mentalmente a execução perfeita de suas tacadas. Outro golfista campeão, Jack Nicklaus, afirmou: "Eu nunca dou uma tacada sem ter uma imagem concentrada em minha mente, nem nos treinos."

Will Smith declarou que usava esse método para superar desafios e que visualizava o sucesso vários anos antes de ser bem-sucedido de fato. Outro exemplo famoso é o ator Jim Carrey, que escreveu um cheque para si mesmo em 1987 no valor de dez milhões de dólares. Ele colocou a data como "Dia de Ação de Graças, 1995" e adicionou a descrição: "Pelos serviços de atuação prestados." Em seguida visualizou isso por vários anos e em 1994 recebeu dez milhões de dólares pelo papel principal no filme *Débi e Loide*.

O QUE VOCÊ VISUALIZA?

A maioria das pessoas vive limitada por visões do passado, repassando fracassos e corações partidos. A visualização criativa permite criar a visão que vai ocupar sua mente, garantindo que a maior força atuando em você seja o seu futuro. Um futuro empolgante, cativante e sem limites.

Aqui está um breve resumo de como eu uso a visualização, seguido por três passos simples para você criar seu próprio processo. Após ler minhas afirmações, sento com a coluna reta no sofá da sala, fecho os olhos e respiro bem fundo e bem devagar algumas vezes. Nos cinco minutos seguintes apenas me visualizo vivendo um dia ideal, realizando todas as minhas tarefas com facilidade, confiança e prazer.

Por exemplo, nos meses que passei escrevendo este livro (a quem estou querendo enganar? Levei *anos* para terminar), primeiro eu me visualizava escrevendo com facilidade, apreciando o processo, sem estresse, medo ou bloqueios criativos. Também visualizei o resultado final, com pessoas lendo o livro impresso, adorando e contando aos amigos sobre ele. Visualizar o processo como prazeroso, sem medo e estresse, me motivou a agir e superar a procrastinação.

TRÊS PASSOS SIMPLES PARA A VISUALIZAÇÃO DE *O MILAGRE DA MANHÃ*

Logo após ler suas afirmações, quando você reservou um tempo para refletir e se concentrar em seus objetivos e em quem precisa ser para melhorar a vida, é o momento de se visualizar vivendo de acordo com suas afirmações.

Passo 1: Prepare-se

Algumas pessoas gostam de colocar música instrumental para tocar, como obras clássicas ou barrocas (recomendo todas as composições de Bach) durante a visualização. Se quiser ouvir alguma música, deixe o volume relativamente baixo.

Agora, sente-se com a coluna reta em uma posição confortável. Pode ser em uma cadeira, sofá, no chão etc.

Respire fundo.

Feche os olhos, limpe a mente e se prepare para visualizar.

Passo 2: Visualize o que você realmente deseja

Muitas pessoas não se sentem confortáveis visualizando o sucesso e têm até medo de serem bem-sucedidas. Algumas podem sentir resistência nessa área. E podem até se sentir culpadas por deixarem os outros 95% para trás quando forem bem-sucedidas.

Qualquer pessoa que enfrenta obstáculos mentais ou emocionais ao tentar visualizar vai se identificar com a famosa frase do livro best-seller de Marianne Williamson, *Um retorno ao amor*: "Nosso medo mais profundo não é o da inadequação. O medo mais profundo é do poder além de qualquer medida. É a luz, não a escuridão, que mais nos assusta. Nós questionamos: 'Quem sou eu para ser brilhante e incrível, ter beleza e talento?' Na verdade, quem é você para *não ser* tudo isso? Você é filho(a) de Deus. Minimizar seus talentos não ajuda o mundo. Não há nada de iluminado em se diminuir para que os outros não se sintam inseguros ao seu redor. Todos estamos aqui para brilhar, como as crianças. Nascemos para manifestar a glória de Deus que está em nós. Não só em alguns, mas em todos. E, se deixamos a nossa luz brilhar, de modo inconsciente damos permissão aos outros para fazerem o mesmo. Como nos libertamos do medo, nossa presença automaticamente liberta os outros."

O maior presente que podemos dar às pessoas que amamos é viver nosso potencial completo. Como é isso para você? O que você *realmente* deseja? Esqueça a lógica, os limites e a praticidade. Se você pudesse ter *tudo* o que desejasse, se pudesse fazer e ser o que quisesse, o que escolheria? O que você faria? O que seria?

Visualize os seus principais objetivos, desejos mais profundos e sonhos mais empolgantes, aqueles que mudariam toda a sua vida se você os realizasse. Veja, sinta, ouça, toque, sinta o gosto e o cheiro de cada detalhe dessa projeção. Envolva todos os sentidos para aumentar a eficácia da visualização. Quanto mais vívida for a visão, maior será a motivação para tomar as atitudes necessárias e transformá-la em realidade.

Agora, vá para o futuro e se veja conquistando seus objetivos e resultados ideais. Você pode olhar para o futuro imediato, o fim do dia, ou mais além, como fiz enquanto escrevia este livro, quando visualizei as pessoas lendo, gostando e recomendando para os amigos. O objetivo é se ver realizando o que decidiu realizar e *vivenciar* como é boa a sensação de ter ido até o fim e conquistado seus objetivos.

Passo 3: Visualize quem você precisa ser e o que precisa fazer

Ao criar uma imagem mental clara do que deseja, comece a visualizar a si mesmo vivendo em total sintonia com a pessoa que precisa ser para transformar sua visão em realidade. Visualize-se praticando as ações positivas que serão realizadas diariamente (exercícios físicos, estudar, trabalhar, escrever, fazer telefonemas, mandar e-mails etc.). É fundamental se ver apreciando o processo. Visualize-se sorrindo enquanto corre na esteira, com um imenso orgulho pela sua disciplina e persistência. Imagine o olhar de determinação em seu rosto enquanto faz esses telefonemas de modo confiante e persistente, trabalha naquele relatório ou finalmente age e avança no projeto que está adiando há tempos. Visualize seus colegas de trabalho, clientes, familiares, amigos e cônjuge reagindo a sua atitude positiva e perspectiva otimista.

CONSIDERAÇÕES FINAIS SOBRE VISUALIZAÇÃO

Além de ler suas afirmações todas as manhãs, fazer esse processo simples de visualização vai turbinar a programação do seu subconsciente para o sucesso. Você vai começar a viver de acordo com sua visão ideal e transformá-la em realidade.

Especialistas acreditam que visualizar seus objetivos e sonhos atrai esses resultados para a vida. Acredite você ou não na *Lei da Atração*, o fato é que existem aplicações práticas para a visualização. Quando você visualiza o que deseja, mexe em emoções que o animam e estimulam a transformar sua visão em realidade. Quanto mais vividamente você vê o que deseja e mais intensamente se permite vivenciar *agora* as sensações que terá quando tiver conquistado seu objetivo, mais poderá considerar a possibilidade de conquistá-lo como algo concreto.

Quando você visualiza todos os dias, alinha seus pensamentos e sentimentos à sua visão. Isso mantém a motivação para continuar agindo. A visualização pode ser um apoio poderoso para superar hábitos limitantes como a procrastinação e tomar as atitudes necessárias para conquistar seus objetivos.

Recomendo começar com apenas cinco minutos de visualização. Mas no próximo capítulo, "*O milagre da manhã* de 6 minutos", vou ensiná-lo a obter os imensos benefícios da visualização em apenas um minuto por dia.

[CONTEÚDO EXTRA] CRIE SEU QUADRO DE VISUALIZAÇÃO

Os quadros de visualização foram popularizados pelo livro e filme de sucesso *O Segredo*. Trata-se de um mural no qual você coloca imagens do que deseja ter, quem deseja ser, o que deseja fazer, onde deseja morar etc.

Montar um quadro de visualização é uma atividade divertida que pode ser feita sozinho, com um amigo, seu cônjuge ou até com os filhos. Isso dá a você algo tangível para se concentrar durante a visualização. Se quiser obter instruções detalhadas sobre esse processo, Christine Kane tem um blog excelente chamado *How to Make a Vision Board*, além de um e-book gratuito [em inglês] intitulado *The Complete Guide To Vision Boards*. Ambos estão disponíveis em seu site, em www.ChristineKane.com/ [em inglês].

É preciso ter em mente que, embora criar um quadro de visualização seja divertido, nada muda na sua vida sem ações. Preciso concordar com a afirmação do Dr. Neil Farber, Ph.D., publicado em artigo no site psychologytoday.com [em inglês]: "Quadros de visualização são para sonhar, quadros de ação são para conquistar." Olhar para o seu quadro de visualização todos os dias pode aumentar sua motivação e ajudar a manter o foco em seus objetivos, mas saiba que os resultados reais só surgem tomando as atitudes necessárias.

EXERCÍCIOS

Se você não encontrar tempo para fazer exercícios físicos, provavelmente vai precisar encontrar tempo para cuidar de doenças.

— ROBIN SHARMA

Os únicos exercícios que a maioria das pessoas fazem é se apressar em tomar conclusões, driblar os amigos, fugir de responsabilidades e correr riscos.

— DESCONHECIDO

Exercícios físicos matinais deveriam ser parte fundamental dos seus rituais diários. Quando você se exercita toda manhã, mesmo que por alguns minutos, aumenta sua disposição, melhora a saúde, ganha autoconfiança e bem-estar emocional, o que lhe permite pensar melhor e se concentrar mais. Está sem tempo para exercícios? No próximo capítulo vou mostrar como encaixar a ginástica diária em apenas *sessenta segundos*.

Há pouco tempo assisti a um vídeo esclarecedor com Eben Pagan, um especialista em desenvolvimento pessoal, empreendedor e multimilionário que venceu pelos próprios esforços. Ele estava sendo entrevistado pelo autor best-seller Tony Robbins. Tony perguntou: "Eben, qual é o principal segredo para o sucesso?" Obviamente fiquei muito empolgado quando ele respondeu:

"Comece cada manhã com um ritual pessoal de sucesso. Este é o segredo mais importante para o sucesso."

Eben disse ainda: "Toda manhã você precisa acelerar os batimentos cardíacos, fazer o sangue fluir e encher os pulmões de oxigênio. Não faça exercícios no fim ou no meio do dia. Mesmo que você goste de se exercitar nesses horários, sempre incorpore pelo menos de dez a vinte minutos de polichinelos ou algum exercício aeróbico de manhã."

A atividade física matinal tem benefícios demais para ser ignorada. Além de acordá-lo, aumentar sua clareza mental e manter a disposição elevada ao longo do dia, fazer exercícios logo após levantar da cama pode melhorar a vida de diversas maneiras.

Você pode ir à academia, fazer uma caminhada ou corrida, colocar um vídeo de exercícios. A escolha da atividade a ser feita cabe a você, embora eu tenha algumas recomendações.

Pessoalmente, se eu pudesse praticar apenas um tipo de exercício pelo resto da vida, sem dúvida escolheria a ioga. Comecei a praticá-la logo após ter criado *O milagre da manhã* e continuo adorando até hoje. É uma forma completa de atividade física, pois combina *alongamento*, *treinamento de força* e *exercícios aeróbicos* com *respiração concentrada* e pode até se tornar uma forma de *meditação*.

CONHEÇA A PRIMEIRA E ÚNICA... *DASHAMA*

Não posso falar sobre ioga (ou exercícios físicos) sem falar da minha amiga Dashama. Há alguns anos, um de seus alunos me apresentou ao seu trabalho como uma das principais instrutoras de ioga do mundo. Dashama é a professora mais autêntica, espiritualizada, prática e eficaz que já conheci. Pedi que ela contasse sua perspectiva única sobre os benefícios da ioga (recomendo muito que você assista aos vídeos com exercícios de ioga em www.tmmbook.com [em inglês]).

Dashama: A ioga é uma ciência multifacetada com aplicações nos aspectos físico, mental, emocional e espiritual da vida. Dito isso, quando Hal me pediu para fazer uma breve introdução à ioga para este livro, senti que estava em perfeita sintonia com *O milagre da manhã*. Sei por experiência própria que a ioga pode ajudar você a criar milagres em sua vida. Já vivenciei isso e testemunhei em várias outras pessoas a quem ensinei pelo mundo.

É importante lembrar que a ioga pode acontecer de várias formas. Na posição sentada em meditação silenciosa, respirando para expandir a capacidade pulmonar ou curvando as costas para abrir o coração, há práticas que podem ajudar todos os aspectos da vida. O segredo é aprender as técnicas a serem praticadas quando você precisa de ajuda e usá-las a seu favor para trazer equilíbrio.

A prática equilibrada de ioga pode melhorar a vida de muitas formas. Pode curar o que está em desarmonia e movimentar a energia estagnada ou bloqueada pelo corpo, criando espaço para novos movimentos fluidos e para que o fluxo sanguíneo e a energia circulem. Recomendo que ouça o seu corpo e experimente sequências novas à medida que ficar mais confortável. Para conhecer melhor e ver vídeos de ioga, visite meu site em pranashama.com [em inglês].

Com bênçãos e amor, Dashama

CONSIDERAÇÕES FINAIS SOBRE EXERCÍCIOS

Você sabe que, para manter a saúde e aumentar a disposição, é preciso se exercitar de forma comprometida. Isso não é novidade para ninguém, mas é muito fácil inventar desculpas para não se exercitar. As duas principais são: "Não tenho tempo" e "Sinto muito cansaço". Não há limite para as desculpas em que se pode pensar. Quanto maior a sua criatividade, mais desculpas poderá inventar, não é?

Esta é a beleza de incorporar os exercícios ao seu *Milagre da manhã*: eles serão feitos antes de você se cansar e antes de você ter um dia inteiro para inventar desculpas e evitar o esforço. *O milagre da manhã* é infalível para combater todas as desculpas e transformar a atividade física em hábito diário. Saiba mais sobre o jeito fácil de implementar hábitos positivos como exercícios físicos em sua vida no Capítulo 9, "De insuportável a imbatível — O verdadeiro segredo para criar hábitos que vão transformar sua vida (em trinta dias)", que vai melhorar sua qualidade de vida pelos próximos anos.

Aviso de responsabilidade: Nem precisava dizer, mas você deve consultar um médico antes de começar qualquer plano de exercícios físicos, sobretudo se estiver sentindo qualquer tipo de dor física, desconforto, tiver alguma deficiência etc. Talvez seja preciso ajustar ou até se abster da rotina de exercícios para atender suas necessidades específicas.

LEITURA

Quem não quer ler não tem vantagem alguma sobre quem não sabe ler.

— MARK TWAIN

Ler está para a mente assim como os exercícios físicos estão para o corpo e a oração está para a alma. Nós nos transformamos nos livros que lemos.

— MATTHEW KELLY

A leitura, quinta prática dos Salvadores de Vida, é o jeito mais rápido de transformar qualquer área da sua existência. É um dos métodos mais imediatos para adquirir conhecimentos, ideias e estratégias necessários para conquistar o sucesso *Nível 10* em qualquer campo.

O segredo é aprender com os especialistas e com quem já conquistou o que você deseja. Não reinvente a roda. O caminho mais rápido para obter o que você deseja é *seguir* pessoas de sucesso que já chegaram lá. Com uma quantidade quase infinita de livros disponíveis sobre todos os assuntos, não há limites para o conhecimento que se pode obter pela leitura diária.

Há pouco tempo ouvi alguém dizer em tom de deboche, como quem diz *sou intelectual demais para isso*: "Ah, eu não leio autoajuda." Como se esses livros fossem inferiores... Pobre sujeito. Não sei se é o ego ou apenas a falta de consciência, mas ele está perdendo a quantidade ilimitada de conhecimento, crescimento e ideias transformadoras que poderia obter com alguns dos indivíduos mais brilhantes e bem-sucedidos do mundo. Quem em sã consciência escolheria *não fazer isso*?

Não importa o que você deseje para a vida, existem incontáveis livros sobre como conseguir. Quer ser bem-sucedido, rico, multimilionário? Há várias obras escritas por pessoas que chegaram ao ápice do sucesso financeiro e ensinam você a fazer o mesmo. Estes são alguns dos meus favoritos:

- *Pense e enriqueça*, de Napoleon Hill
- *Os segredos da mente milionária*, de T. Harv Eker
- *The Total Money Makeover*, de Dave Ramsey

Quer criar um relacionamento incrível, afetuoso, de apoio mútuo e romântico? Provavelmente existem mais livros ensinando isso do que você conseguiria ler em uma década. Estes são alguns dos meus favoritos:

- *As cinco linguagens do amor*, de Garry D. Chapman e Jennifer M. Thomas
- *The Soulmate Experience*, de Jo Dunn
- *Sete princípios para o casamento dar certo*, do Dr. John Gottman e Nan Silver

Queira você transformar seus relacionamentos, aumentar a autoconfiança, otimizar a comunicação ou a habilidade de persuasão, enriquecer ou melhorar qualquer área de sua vida, visite a livraria mais próxima ou faça como eu: vá à amazon.com e encontre uma série de livros sobre qualquer área da sua vida que precise ser potencializada. Para quem deseja minimizar a pegada de carbono ou economizar, também recomendo usar a biblioteca da sua região ou conferir um dos meus sites favoritos, www.paperbackswap.com [em inglês].

Para obter uma lista completa dos livros sobre desenvolvimento pessoal que mais aprecio, incluindo os que tiveram mais impacto no meu sucesso e felicidade, veja a lista de *Leitura recomendada* em www.MiracleMorning.com/Brazil.

QUANTO VOCÊ DEVE LER?

Recomendo assumir o compromisso de ler o mínimo de dez páginas por dia, embora cinco esteja bom para começar, se você lê devagar ou *ainda* não gosta de ler. Vamos fazer as contas: ler dez páginas por dia não vai destruí-lo, e sim *construí-lo*. Estamos falando apenas de dez a 15 minutos de leitura ou 15 a trinta minutos, em ritmo mais lento.

Encare da seguinte forma: se você ler apenas dez páginas por dia, vai chegar a 3.650 páginas por ano, que corresponde a cerca de 18 livros de duzentas páginas sobre desenvolvimento e aperfeiçoamento pessoal! Uma pergunta: se você ler 18 livros sobre desenvolvimento pessoal nos próximos 12 meses, acredita que vai ter mais conhecimento, ser mais capaz e confiante, uma versão nova e melhorada de si mesmo? Sem dúvida!

CONSIDERAÇÕES FINAIS SOBRE LEITURA

- Comece pensando no fim. Antes de passar a ler todos os dias, pergunte *por que* você está lendo este livro, o que pretende obter com ele, e tenha o resultado em mente. Reserve um momento para fazer isso agora, questionando o que deseja obter lendo *este* livro. Você tem o compromisso de terminá-lo? Mais importante: você tem o compromisso de colocar em prática o que está aprendendo e seguir "O desafio de *O milagre da manhã* para mudança de vida em trinta dias" até o fim?
- Muitos praticantes de *O milagre da manhã* usam o tempo de leitura para colocar os textos religiosos em dia, como a Bíblia, a Torá ou qualquer outro.
- Espero que você esteja seguindo o conselho que dei em *O milagre da manhã* e esteja circulando, marcando, dobrando os cantos das páginas e fazendo anotações nas margens deste livro. Para aproveitar o máximo de qualquer livro e facilitar a revisão do conteúdo no futuro, eu sublinho ou circulo tudo que posso querer revisitar e faço anotações nas margens para lembrar por que marquei aquela parte específica.

(A menos, é claro, que eu tenha pegado o livro emprestado em uma biblioteca.) O processo de marcar livros durante a leitura permite que eu volte a qualquer momento e recapitule todas as principais lições, ideias e benefícios obtidos sem precisar reler tudo, do início ao fim.

Recomendo muito *reler* bons livros de desenvolvimento pessoal. Raramente conseguimos ler um livro uma vez e internalizar todo o conhecimento contido nele. Dominar qualquer área exige *repetição* e exposição a certas ideias, estratégias ou técnicas diversas vezes, até elas entrarem na sua mente. Por exemplo, se você quiser dominar o karatê, vai aprender as técnicas uma vez e depois pensar: "Já dominei isso"? Não, você aprende as técnicas, pratica, depois volta ao sensei, aprende tudo de novo e repete o processo centenas de vezes até dominar uma só técnica. O domínio das técnicas para melhorar a sua vida funciona da mesma forma.

Geralmente há mais valor em reler um livro com estratégias de melhoria de vida que você já conhece do que em ler algo novo antes de ter dominado as estratégias do anterior. Sempre que estou lendo um livro que pode realmente afetar uma área da minha vida, eu me comprometo a reler tudo (ou pelo menos as partes que destaquei, circulei e sublinhei) assim que o termino. Tenho um espaço especial na estante para os exemplares que desejo reler. Já li livros como *Pense e enriqueça* pelo menos três vezes e costumo consultá-los ao longo do ano.

Reler exige disciplina, pois em geral é mais "divertido" ler algo novo. A repetição pode ser chata ou entediante (e é por isso que pouquíssimas pessoas "dominam" algo), mas é por isso mesmo que vale a pena tentar: para desenvolver um nível maior de disciplina. Por que não experimentar com este livro? Comprometa-se a reler tudo assim que terminar para aprofundar seu aprendizado e ter mais tempo para dominar *O milagre da manhã*.

Salvadores de Vida

ESCRITA

Não importa o que você escreva, colocar palavras no papel é uma forma de terapia que não custa um centavo.

— DIANA RAAB

Ideias podem surgir de qualquer lugar e a qualquer momento. O problema de fazer anotações mentais é que a tinta se apaga rápido demais.

— ROLF SMITH

Escrita é a prática final dos Salvadores de Vida.

MANTER UM DIÁRIO

Minha forma preferida de escrita é manter um diário, no qual escrevo por cinco a dez minutos durante o meu *Milagre da manhã*. Ao tirar seus pensamentos da cabeça e registrá-los por escrito, você obtém percepções valiosas que de outra forma passariam despercebidas. O elemento da escrita no seu *Milagre da manhã* permite documentar percepções, ideias, avanços, realizações, sucessos e lições aprendidas, além de qualquer área de oportunidade, crescimento pessoal ou melhorias.

Embora eu já soubesse havia anos dos benefícios profundos de escrever um diário, e já tivesse tentado manter um algumas vezes, nunca me dediquei a esse hábito com comprometimento, porque isso nunca fez parte da minha rotina. Eu costumava deixar um diário na cabeceira da cama, e, quando chegava em casa tarde da noite, nove em cada dez vezes eu inventava a desculpa de que estava cansado demais para escrever. Meus diários ficavam quase todos em branco. E, mesmo tendo vários diários bem pouco usados guardados na estante, volta e meia eu comprava um diário novinho e mais caro, convencendo a mim mesmo de que, se eu gastasse muito dinheiro nele, sem dúvida escreveria. Parece uma boa teoria, certo? Infelizmente essa minha estratégia nunca funcionou, e durante anos fui apenas acumulando mais e mais diários cada vez mais caros e igualmente em branco.

Isso foi antes de *O milagre da manhã*. Desde o início, *O milagre da manhã* me deu o tempo e a estrutura para escrever em meu diário *todos os dias*, e esse logo virou um dos meus hábitos favoritos. Posso dizer agora que manter um diário se tornou uma das práticas mais gratificantes e recompensadoras da minha vida. Eu não só aproveito os benefícios de direcionar conscientemente meus pensamentos e escrevê-los como também obtive avanços ainda maiores revisando meus diários, do início ao fim, sobretudo no final do ano. É difícil expressar em palavras o quanto a experiência de voltar e revisar os diários foi absurdamente construtiva, mas farei o melhor possível.

MINHA PRIMEIRA REVISÃO DO DIÁRIO

No dia 31 de dezembro, após o primeiro ano fazendo *O milagre da manhã* e mantendo um diário, comecei a ler a primeira página que escrevi naquele ano. Eu comecei a reler todos os dias e *reviver* o ano inteiro. Consegui revisitar minha mentalidade desde o começo e obter uma nova perspectiva sobre como cresci ao longo do ano. Reexaminei minhas ações, atividades e avanços e ganhei um novo apreço por tudo o que conquistei nos últimos 12 meses. E mais importante: relembrei as lições aprendidas, muitas das quais eu tinha esquecido com o passar do ano.

Gratidão 2.0 — Também senti uma gratidão muito mais profunda, de um jeito que nunca tinha sentido antes, em dois aspectos diferentes e ao mesmo tempo. Foi o que agora chamo de meu primeiro momento *De volta para o futuro*. Tente me acompanhar (e fique à vontade para me imaginar como Marty McFly descendo de um DeLorean 1985). Quando li o diário, o meu eu atual (que também é o eu *do futuro* de quem eu era quando escrevi o diário) viu todas as pessoas, experiências, lições e realizações por que passei e pelas quais fui grato ao longo do ano. Ao reviver a gratidão que senti no passado, também me senti grato no presente pelo quanto avancei na vida desde então. Foi uma experiência incrível e um tanto surreal.

Crescimento acelerado — Então comecei a explorar o ápice de valor que poderia obter revisando meus diários. Peguei uma folha de papel em branco, desenhei uma linha no meio e escrevi dois títulos no topo: *Lições aprendidas* e *Novos compromissos*. Enquanto leio as centenas de textos do meu diário, relembro várias lições importantes.

Esse processo de relembrar as *Lições aprendidas* e fazer *Novos compromissos* para colocá-los em prática ajudou bastante o meu crescimento e desenvolvimento pessoal.

Embora escrever em um diário todos os dias tenha vários benefícios recompensadores (alguns deles já descritos neste livro), veja outros que estão entre os meus favoritos:

- **Obter clareza** — O processo de escrever nos obriga a pensar o suficiente até entender. Manter diários vai lhe dar mais clareza, possibilitar *insights* e ajudar a resolver problemas.
- **Registrar ideias** — Manter um diário não só ajuda a expandir suas ideias como também impede a perda de ideias importantes que poderão ser usadas no futuro.
- **Relembrar lições** — Permite reviver todas as lições aprendidas.

- **Reconhecer seu progresso** — É maravilhoso reler seus escritos no diário do ano anterior e ver quanto você progrediu. É uma das experiências mais estimulantes, prazerosas e inspiradoras e não pode ser obtida de outra forma.

FOCO NA LACUNA: ISSO ESTÁ AJUDANDO OU PREJUDICANDO VOCÊ?

Nas páginas iniciais deste capítulo, falamos sobre usar os Salvadores de Vida para fechar a sua "lacuna de potencial". Os seres humanos estão condicionados a ter o que chamo de *foco na lacuna*. Tendemos a nos concentrar nas lacunas entre onde estamos e onde queremos estar, entre o que conquistamos e o que poderíamos ter ou querer conquistar, e a lacuna entre quem somos e a visão idealista da pessoa que acreditamos que devemos ser.

O problema disso é que o foco constante na lacuna pode prejudicar a confiança e a autoimagem, nos fazendo pensar que não temos o bastante, não conquistamos o suficiente e que simplesmente não somos bons o bastante ou pelo menos não tão bons quanto devíamos.

Pessoas de sucesso costumam ser as piores nisso, constantemente negligenciando ou minimizando as próprias conquistas, criticando-se a cada pequeno erro e imperfeição, sem nunca acreditar que são boas no que fazem.

A ironia é que o foco na lacuna é uma parte enorme do motivo pelo qual as pessoas de sucesso *têm* sucesso. O desejo insaciável de preencher a lacuna é o que alimenta a busca da excelência e as motiva ao sucesso. O foco na lacuna pode ser saudável e produtivo se vier de uma perspectiva positiva e proativa: "Tenho o compromisso e a empolgação para desenvolver meu potencial", sem qualquer sensação de que falta algo. Infelizmente, isso quase nunca acontece. A pessoa comum, mesmo a pessoa de sucesso comum, tende a se concentrar com negatividade em suas lacunas.

As pessoas de *maior* sucesso, equilibradas e com foco na conquista do sucesso *Nível 10* em quase todas as áreas da vida, são excessivamente gratas pelo que conquistaram, reconhecem suas conquistas o tempo todo e estão sempre em paz com sua situação atual de vida. É uma ideia conflitante: *Estou fazendo o melhor que posso agora e ao mesmo tempo posso e vou fazer melhor no futuro.* Essa autoavaliação equilibrada bloqueia a sensação de que falta algo, de não ser, ter ou fazer o bastante, mas permite lutar para preencher a lacuna de potencial em todas as áreas da vida.

Quando um dia, uma semana, um mês ou um ano acaba e estamos com o foco na lacuna, é quase impossível fazer uma avaliação precisa do progresso alcançado. Por exemplo: se você tem dez itens na sua lista de tarefas do dia, mesmo que tenha terminado seis deles, o foco na lacuna o faz sentir que não cumpriu tudo o que gostaria.

A maioria das pessoas faz dezenas, até centenas de tarefas *corretamente* durante o dia e erra algumas outras. Adivinhe o que elas lembram e o que repassam na cabeça repetidas vezes? Não faz mais sentido se concentrar nas cem tarefas que você acertou? Sem dúvida é mais prazeroso.

O que isso tem a ver com manter um diário? Escrever todos os dias com um processo *estruturado* e estratégico (mais sobre isso mais adiante) permite direcionar o foco para o que você realmente fez, os motivos de sua gratidão e o que você se compromete a fazer melhor amanhã. Portanto, você aprecia de forma mais profunda a jornada a cada dia, sente-se bem em relação aos avanços que fez e usa esse nível maior de clareza para acelerar seus resultados.

ESCREVA O QUE VEM NATURALMENTE

Existem infinitos aspectos da vida sobre os quais você pode escrever no diário de *O milagre da manhã*. Você pode escrever sobre seus objetivos, sonhos e planos para realizá-los. Pode documentar os motivos de sua gratidão e o que ela significa para você. Pode também registrar os eventos do dia, as lições aprendidas e tudo em que você precisa se concentrar na vida.

O meu método de manter um diário varia: às vezes é um processo bem específico e estruturado, *listando os motivos da minha gratidão, reconhecendo minhas conquistas, especificando as áreas que desejo melhorar e planejando as atitudes que me comprometo a tomar para melhorar.* E em outras ocasiões é bem tradicional: apenas um texto com data e um resumo do dia. Considero ambos muito valiosos, e é bom variar um pouco.

Para obter uma amostra grátis do diário de *O milagre da manhã* e compartilhar com os amigos, família e colegas de trabalho, basta visitar o site www.MiracleMorning.com/Brazil.

PERSONALIZAR OS SALVADORES DE VIDA

No Capítulo 8: "Customizando seu *Milagre da manhã* para o seu estilo de vida", você vai aprender a customizar quase todos os aspectos de *O milagre da manhã*. Por enquanto quero dividir algumas ideias, especificamente em relação a personalizar os Salvadores de Vida com base em seus horários e preferências. A sua rotina matinal de hoje talvez permita apenas vinte ou trinta minutos de *O milagre da manhã*, mas você pode fazer uma versão mais longa nos fins de semana.

Veja um exemplo bem comum de um cronograma de 60 minutos para *O milagre da manhã* usando os Salvadores de Vida.

Exemplo de cronograma para *O milagre da manhã* (60 minutos)

— com os Salvadores de Vida —

— Silêncio (5 minutos)
— Afirmações (5 minutos)
— Visualização (5 minutos)
— Exercícios (20 minutos)
— Leitura (20 minutos)
— Escrita (5 minutos)

Tempo Total: 60 minutos

A ordem dos Salvadores de Vida também pode ser personalizada de acordo com suas preferências. Algumas pessoas preferem começar com os *Exercícios* a fim de aumentar o fluxo sanguíneo e acordar, enquanto outras preferem deixar os *Exercícios* por último para não ficar suando durante seu *Milagre da manhã*. Eu prefiro começar com um período de *Silêncio* tranquilo e intencional para ir acordando, clareando a mente, concentrando minha energia e intenções, e deixo os *Exercícios* para o final, assim posso ir direto para o chuveiro e seguir com o resto do dia. Contudo, este é o seu *Milagre da manhã*, e não o meu, então fique à vontade para experimentar várias sequências e ver a que mais lhe agrada.

CONSIDERAÇÕES FINAIS SOBRE OS SALVADORES DE VIDA

Tudo é difícil antes de ser fácil. Cada experiência nova é desconfortável antes de ser confortável. Quanto mais você pratica os Salvadores de Vida, mais naturais e normais eles serão. Lembre-se de que minha primeira vez meditando quase foi a última, pois minha mente acelerava como uma Ferrari e meus pensamentos quicavam de modo incontrolável, como uma bolinha de pinball. Agora eu adoro meditar, e, embora não seja um mestre, eu digo que sou razoável nisso. Do mesmo modo, na primeira vez que pratiquei ioga me senti um peixe fora da água, pois não era flexível, não conseguia fazer as posturas direito e a sensação era estranha e desconfortável. Agora, a ioga é meu exercício físico preferido e sou muito grato por ter insistido nela.

Convido você a começar a praticar os Salvadores de Vida desde já para se familiarizar e ficar confortável com todos eles antes de começar o "Desafio de transformação de vida em trinta dias de *O milagre da manhã*" no Capítulo 10. Se a sua maior preocupação ainda é encontrar tempo, não se preocupe. No próximo capítulo você vai aprender a fazer todo o *Milagre da manhã*, obtendo os benefícios dos seis Salvadores de Vida em apena 6 minutos por dia.

Trecho de O milagre da manhã,
best-seller de Hal Elrod

O MILAGRE DA MANHÃ DE 6 MINUTOS

(Para quem não tem tempo)

Por um lado, todos queremos ser felizes. Por outro, todos sabemos o que nos faz felizes. Mas não fazemos isso. Por quê? É simples. Estamos ocupados demais. Mas ocupados demais fazendo o quê? Tentando ser felizes.

— MATTHEW KELLY

Não tenho tempo para acordar cedo.

— DESCONHECIDO

Ah, você não tem tempo? Que estranho, achei que eu fosse o único.

Provavelmente a pergunta ou preocupação mais comum que ouço sobre *O milagre da manhã* diz respeito à *duração* dele. Quando enfim percebi o quanto o nível de sucesso (e desenvolvimento de potencial) em todas as áreas da vida era limitado pelo nível insuficiente (ou inexistente) de desenvolvimento pessoal, o maior desafio foi *encontrar tempo* para agir em relação a isso.

À medida que desenvolvi e divulguei *O milagre da manhã* ao longo dos anos, percebi a necessidade de adaptá-lo para que até a pessoa mais ocupada pudesse arranjar tempo para *O milagre da manhã*. Desenvolvi *O milagre da manhã de 6 minutos* para os dias em que você está totalmente sem tempo e com pressa, além daqueles em que a situação de vida gerou uma sobrecarga tão grande que só de pensar em acrescentar *um item* aumenta o seu estresse.

Acho que todos concordamos que investir um mínimo de seis minutos para virar a pessoa que precisamos ser e criar o nível de sucesso e felicidade que realmente desejamos não só é razoável como fundamental, mesmo quando estamos sem tempo. Acho que você terá uma surpresa agradável ao ler e perceber como esses seis minutos podem ser *poderosos* e mudar sua vida!

Imagine se os primeiros seis minutos de suas manhãs começassem assim:

PRIMEIRO MINUTO

Visualize-se acordando com calma, com um grande bocejo, espreguiçando-se e com um sorriso no rosto. Em vez de sair direto para o seu dia frenético, estressado e sobrecarregado, você passa o primeiro minuto em *Silêncio* intencional. Você se senta com muita calma e tranquilidade, respirando devagar e bem fundo. Talvez você faça uma prece de gratidão para apreciar o momento ou reze pedindo orientação para sua jornada. Talvez decida experimentar seu primeiro minuto de meditação. Durante o período de silêncio, você fica presente por inteiro no agora, no momento. Você acalma a mente, relaxa o corpo e permite que o todo o estresse se dissolva. Você desenvolve uma ideia mais profunda de paz, propósito e direção.

SEGUNDO MINUTO

Pegue as *Afirmações* diárias que lembram o seu potencial ilimitado e prioridades mais importantes e as leia em voz alta, do início ao fim. Ao se concentrar no que é mais importante para você, seu nível de motivação interna aumenta. Ler os lembretes do quanto você *realmente* é capaz dá uma sensação de confiança. Olhar o que você se comprometeu a fazer, qual o seu propósito e seus objetivos recarrega suas energias para tomar as medidas necessárias e *viver* a vida que realmente deseja, merece e que agora *sabe* que é possível.

TERCEIRO MINUTO

Feche os olhos ou direcione o olhar para o quadro de visualização e comece. A *Visualização* pode mostrar como vai ser quando você conquistar seus objetivos. Depois, visualize o dia correndo perfeitamente bem: você está gostando do trabalho, sorrindo com sua família ou seu cônjuge e conquistando com facilidade tudo o que pretende naquele dia. Veja como tudo vai ser, vivencie as sensações e a alegria do que vai criar.

QUARTO MINUTO

Reserve um minuto para escrever alguns motivos pelos quais sente gratidão, do que você se orgulha e os resultados que se compromete a atingir naquele dia. Ao fazer isso, você cria um estado mental poderoso, inspirador e confiante.

QUINTO MINUTO

Pegue um livro de autoajuda e invista um minuto milagroso lendo uma ou duas páginas. Você vai aprender uma nova ideia, algo que pode incorporar ao seu dia para melhorar os resultados no trabalho ou nos relacionamentos. Descobrirá algo novo que pode usar para pensar, sentir e *viver* melhor.

SEXTO MINUTO

Por fim, fique de pé e passe o último minuto mexendo o corpo. Você pode correr, fazer polichinelos, flexões ou agachamentos. O objetivo é acelerar os batimentos cardíacos, gerar energia e aumentar a capacidade de ficar alerta e manter a concentração.

Como você se sentiria se utilizasse os seis primeiros minutos de cada dia assim? Como a qualidade do seu dia e da sua vida aumentaria?

Não sugiro limitar *O milagre da manhã* a apenas seis minutos diários, mas, como eu já disse, nos dias em que você está sem tempo, *O milagre da manhã de 6 minutos* é uma estratégia poderosa para acelerar seu desenvolvimento pessoal.

PRIMEIRO MÊS (semana 1 de 52)

Objetivos/Compromissos principais — Os 3-5 principais objetivos que me comprometo 100% a conquistar nesta semana são:

____

____

____

____

____

Os Salvadores de Vida. Marque as práticas que você fez em cada dia.

→ Silêncio	S ☐	T ☐	Q ☐	Q ☐	S ☐	S ☐	D ☐
→ Afirmações	S ☐	T ☐	Q ☐	Q ☐	S ☐	S ☐	D ☐
→ Visualização	S ☐	T ☐	Q ☐	Q ☐	S ☐	S ☐	D ☐
→ Exercícios	S ☐	T ☐	Q ☐	Q ☐	S ☐	S ☐	D ☐
→ Leitura	S ☐	T ☐	Q ☐	Q ☐	S ☐	S ☐	D ☐
→ Escrita	S ☐	T ☐	Q ☐	Q ☐	S ☐	S ☐	D ☐

Segunda-feira [______] — Estou pronto(a) e me comprometo a fazer com que este seja o melhor ano da minha vida.

____

____

____

____

____

Terça-feira [______] — Amo a vida que tenho enquanto crio a vida dos meus sonhos.

____

____

____

____

____

Quarta-feira [______] — Dedico um tempo a *O milagre da manhã* todos os dias de modo a ser a pessoa que preciso para criar a vida que verdadeiramente desejo e mereço.

____

____

____

Quinta-feira [______] — Sinto gratidão por tudo o que tenho, aceito tudo o que não tenho e crio ativamente tudo o que desejo.

Sexta-feira [______] — Todos têm algo valioso para dividir, por isso aprendo algo com todo mundo.

Sábado [______] — Estou abrindo mão da necessidade de ser uma pessoa perfeita em prol da oportunidade de ser uma pessoa autêntica.

Domingo [______] — Aprendo com meus erros e melhoro a cada semana.

[Revisão semanal] — Quais foram as minhas conquistas e decepções? Quais compromissos eu vou assumir AGORA para garantir que vou melhorar na próxima semana?

PRIMEIRO MÊS (semana 2 de 52)

Objetivos/Compromissos principais — Os 3-5 principais objetivos que me comprometo 100% a conquistar nesta semana são:

Os Salvadores de Vida. Marque as práticas que você fez em cada dia.							
→ Silêncio	S ☐	T ☐	Q ☐	Q ☐	S ☐	S ☐	D ☐
→ Afirmações	S ☐	T ☐	Q ☐	Q ☐	S ☐	S ☐	D ☐
→ Visualização	S ☐	T ☐	Q ☐	Q ☐	S ☐	S ☐	D ☐
→ Exercícios	S ☐	T ☐	Q ☐	Q ☐	S ☐	S ☐	D ☐
→ Leitura	S ☐	T ☐	Q ☐	Q ☐	S ☐	S ☐	D ☐
→ Escrita	S ☐	T ☐	Q ☐	Q ☐	S ☐	S ☐	D ☐

Segunda-feira [______] — Estou exatamente onde devo estar para aprender o necessário e me transformar na pessoa que preciso ser para criar a vida que desejo.

Terça-feira [______] — A preocupação é um modo inadequado de usar a imaginação, por isso imagino a grandeza.

Quarta-feira [______] — Sou capaz de conquistar tudo o que me comprometer por inteiro a conquistar.

Quinta-feira [______] — Eu me esforço para fazer com que *cada dia* seja o melhor da minha vida simplesmente porque não há um bom motivo para não fazer isso.

Sexta-feira [______] — Não importa como comecei, vou terminar esta semana com tudo.

Sábado [______] — Sinto gratidão pelo presente que são os fins de semana.

Domingo [______] — Estou comprometido a fazer o necessário para que a próxima semana seja ainda melhor do que a anterior.

[Revisão semanal] — Quais foram as minhas conquistas e decepções? Quais compromissos eu vou assumir AGORA para garantir que vou melhorar na próxima semana?

PRIMEIRO MÊS (semana 3 de 52)

Objetivos/Compromissos principais — Os 3-5 principais objetivos que me comprometo 100% a conquistar nesta semana são:

____

____

____

____

____

Os Salvadores de Vida. Marque as práticas que você fez em cada dia.							
→ Silêncio	S ☐	T ☐	Q ☐	Q ☐	S ☐	S ☐	D ☐
→ Afirmações	S ☐	T ☐	Q ☐	Q ☐	S ☐	S ☐	D ☐
→ Visualização	S ☐	T ☐	Q ☐	Q ☐	S ☐	S ☐	D ☐
→ Exercícios	S ☐	T ☐	Q ☐	Q ☐	S ☐	S ☐	D ☐
→ Leitura	S ☐	T ☐	Q ☐	Q ☐	S ☐	S ☐	D ☐
→ Escrita	S ☐	T ☐	Q ☐	Q ☐	S ☐	S ☐	D ☐

Segunda-feira [______] — Amo a vida que tenho, pois é a única que tenho.

____

____

____

____

____

Terça-feira [______] — Aceito e estou em paz com tudo o que não posso mudar.

____

____

____

____

____

Quarta-feira [______] — Mudo tudo o que tenho o poder de mudar.

____

____

____

____

____

Quinta-feira [______] — Embora os outros se conformem com a mediocridade, não vou fazer isso.

Sexta-feira [______] — Sou tão merecedor e capaz de ter sucesso quanto qualquer outra pessoa.

Sábado [______] — Meu destino é ter o nível exato de grandeza que desejo.

Domingo [______] — Meus desafios são oportunidades para aprender e crescer.

[Revisão semanal] — Quais foram as minhas conquistas e decepções? Quais compromissos eu vou assumir AGORA para garantir que vou melhorar na próxima semana?

PRIMEIRO MÊS (semana 4 de 52)

Objetivos/Compromissos principais — Os 3-5 principais objetivos que me comprometo 100% a conquistar nesta semana são:

____

____

____

____

____

Os Salvadores de Vida. Marque as práticas que você fez em cada dia.							
→ Silêncio	S ☐	T ☐	Q ☐	Q ☐	S ☐	S ☐	D ☐
→ Afirmações	S ☐	T ☐	Q ☐	Q ☐	S ☐	S ☐	D ☐
→ Visualização	S ☐	T ☐	Q ☐	Q ☐	S ☐	S ☐	D ☐
→ Exercícios	S ☐	T ☐	Q ☐	Q ☐	S ☐	S ☐	D ☐
→ Leitura	S ☐	T ☐	Q ☐	Q ☐	S ☐	S ☐	D ☐
→ Escrita	S ☐	T ☐	Q ☐	Q ☐	S ☐	S ☐	D ☐

Segunda-feira [______] — Sei que HOJE é o dia mais importante da minha vida, pois o que faço e a pessoa em quem vou me transformar hoje vão determinar meu futuro.

____

____

____

____

____

Terça-feira [______] — Aprecio e encontro a alegria em cada momento.

____

____

____

____

____

Quarta-feira [______] — Acordo todos os dias *com o propósito* de criar minha vida.

____

____

____

____

____

Quinta-feira [______] — Sei que onde estou agora é resultado de quem eu *era*, mas para onde vou no futuro só depende de quem escolho ser a partir de hoje.

____

____

____

____

____

Sexta-feira [______] — Eu me amo e amo o próximo, incondicionalmente.

____

____

____

____

____

Sábado [______] — Nada acontece por acaso, mas é minha responsabilidade escolher os motivos mais libertadores para explicar os acontecimentos e desafios da minha vida.

____

____

____

____

____

Domingo [______] — Tenho a capacidade de mudar ou criar tudo na minha vida.

____

____

____

____

____

[Revisão semanal] — Quais foram as minhas conquistas e decepções? Quais compromissos eu vou assumir AGORA para garantir que vou melhorar na próxima semana?

____

____

____

____

____

PRIMEIRO/SEGUNDO MÊS (semana 5 de 52)

Objetivos/Compromissos principais — Os 3-5 principais objetivos que me comprometo 100% a conquistar nesta semana são:

____
____
____
____
____

Os Salvadores de Vida. Marque as práticas que você fez em cada dia.

→ Silêncio	S ☐	T ☐	Q ☐	Q ☐	S ☐	S ☐	D ☐
→ Afirmações	S ☐	T ☐	Q ☐	Q ☐	S ☐	S ☐	D ☐
→ Visualização	S ☐	T ☐	Q ☐	Q ☐	S ☐	S ☐	D ☐
→ Exercícios	S ☐	T ☐	Q ☐	Q ☐	S ☐	S ☐	D ☐
→ Leitura	S ☐	T ☐	Q ☐	Q ☐	S ☐	S ☐	D ☐
→ Escrita	S ☐	T ☐	Q ☐	Q ☐	S ☐	S ☐	D ☐

Segunda-feira [______] — Sei que a pessoa na qual estou me transformando é muito mais importante do que as minhas ações, mas são as minhas ações que vão determinar a pessoa que serei.

____
____
____
____
____

Terça-feira [______] — Vejo sempre o melhor em mim e nos outros.

____
____
____
____
____

Quarta-feira [______] — Tenho um diálogo interno positivo para gerar autoconfiança.

____
____

Quinta-feira [______] — Dedico com regularidade um tempo para sonhar com o meu futuro cativante.

Sexta-feira [______] — Todos os dias tomo atitudes para progredir rumo aos meus maiores objetivos e sonhos, pois sei que as conquistas acontecem um dia de cada vez.

Sábado [______] — Assumo a responsabilidade por TODOS os aspectos da minha vida para ser a única pessoa com o poder de afetá-la.

Domingo [______] — Acredito na minha capacidade de transformar o impossível em possível.

[Revisão semanal] — Quais foram as minhas conquistas e decepções? Quais compromissos eu vou assumir AGORA para garantir que vou melhorar na próxima semana?

SEGUNDO MÊS (semana 6 de 52)

Objetivos/Compromissos principais — Os 3-5 principais objetivos que me comprometo 100% a conquistar nesta semana são:

____

____

____

____

____

Os Salvadores de Vida. Marque as práticas que você fez em cada dia.

→ Silêncio	S ☐	T ☐	Q ☐	Q ☐	S ☐	S ☐	D ☐
→ Afirmações	S ☐	T ☐	Q ☐	Q ☐	S ☐	S ☐	D ☐
→ Visualização	S ☐	T ☐	Q ☐	Q ☐	S ☐	S ☐	D ☐
→ Exercícios	S ☐	T ☐	Q ☐	Q ☐	S ☐	S ☐	D ☐
→ Leitura	S ☐	T ☐	Q ☐	Q ☐	S ☐	S ☐	D ☐
→ Escrita	S ☐	T ☐	Q ☐	Q ☐	S ☐	S ☐	D ☐

Segunda-feira [______] — Acredito que, quanto mais valor eu acrescentar à vida dos outros, mais valor terei para quem influencia a minha vida de modo significativo.

____

____

____

____

____

Terça-feira [______] — Quanto mais ofereço aos outros, mais eu recebo.

____

____

____

____

____

Quarta-feira [______] — Sinto gratidão por tudo o que tenho hoje.

____

____

____

____

____

Quinta-feira [______] — Vou crescer e me desenvolver para ser maior do que todos os problemas que atravessarem meu caminho.

____
____
____
____
____

Sexta-feira [______] — Aprendo com qualquer situação, seja ela boa ou ruim.

____
____
____
____
____

Sábado [______] — Sei que nos transformamos nas pessoas com quem convivemos, por isso escolhi conviver com vencedores.

____
____
____
____
____

Domingo [______] — Hoje farei algo para servir a outra pessoa.

____
____
____
____
____

[Revisão semanal] — Quais foram as minhas conquistas e decepções? Quais compromissos eu vou assumir AGORA para garantir que vou melhorar na próxima semana?

____
____
____
____
____

SEGUNDO MÊS (semana 7 de 52)

Objetivos/Compromissos principais — Os 3-5 principais objetivos que me comprometo 100% a conquistar nesta semana são:

Os Salvadores de Vida. Marque as práticas que você fez em cada dia.

→ Silêncio	S ☐	T ☐	Q ☐	Q ☐	S ☐	S ☐	D ☐
→ Afirmações	S ☐	T ☐	Q ☐	Q ☐	S ☐	S ☐	D ☐
→ Visualização	S ☐	T ☐	Q ☐	Q ☐	S ☐	S ☐	D ☐
→ Exercícios	S ☐	T ☐	Q ☐	Q ☐	S ☐	S ☐	D ☐
→ Leitura	S ☐	T ☐	Q ☐	Q ☐	S ☐	S ☐	D ☐
→ Escrita	S ☐	T ☐	Q ☐	Q ☐	S ☐	S ☐	D ☐

Segunda-feira [______] — Venço porque sou persistente.

Terça-feira [______] — Evito reclamar porque isso só magoa a mim e às pessoas ao meu redor.

Quarta-feira [______] — Defino objetivos e faço planos para alcançá-los.

Quinta-feira [_____] — Vou crescer como pessoa e dar tudo o que tenho até o último minuto, não importam os resultados.

Sexta-feira [_____] — Vou melhorar em todas as áreas da minha vida.

Sábado [_____] — Vou consultar vencedores para obter ideias vencedoras.

Domingo [_____] — Vou crescer e superar as minhas circunstâncias atuais.

[Revisão semanal] — Quais foram as minhas conquistas e decepções? Quais compromissos eu vou assumir AGORA para garantir que vou melhorar na próxima semana?

SEGUNDO MÊS (semana 8 de 52)

Objetivos/Compromissos principais — Os 3-5 principais objetivos que me comprometo 100% a conquistar nesta semana são:

____

____

____

____

____

Os Salvadores de Vida. Marque as práticas que você fez em cada dia.

→ Silêncio	S ☐	T ☐	Q ☐	Q ☐	S ☐	S ☐	D ☐
→ Afirmações	S ☐	T ☐	Q ☐	Q ☐	S ☐	S ☐	D ☐
→ Visualização	S ☐	T ☐	Q ☐	Q ☐	S ☐	S ☐	D ☐
→ Exercícios	S ☐	T ☐	Q ☐	Q ☐	S ☐	S ☐	D ☐
→ Leitura	S ☐	T ☐	Q ☐	Q ☐	S ☐	S ☐	D ☐
→ Escrita	S ☐	T ☐	Q ☐	Q ☐	S ☐	S ☐	D ☐

Segunda-feira [______] — Vou fazer algo altruísta hoje ou ainda nesta semana sem esperar nada em troca.

____

____

____

____

____

Terça-feira [______] — Me comprometo a sentir mais gratidão e menos preocupação.

____

____

____

____

____

Quarta-feira [______] — Aprecio o que estou fazendo, seja lá o que for.

____

____

____

____

____

Quinta-feira [______] — Não vou deixar os medos, as inseguranças e as crenças limitantes de outras pessoas impedirem o que é possível para mim.

Sexta-feira [______] — Vou conquistar o direito de ter sucesso.

Sábado [______] — Vou sentir gratidão pelos desafios, pelas decepções e pelos incômodos, pois tudo isso faz parte do processo de transformação na pessoa que desejo ser.

Domingo [______] — Vou desafiar a mim e aos outros.

[Revisão semanal] — Quais foram as minhas conquistas e decepções? Quais compromissos eu vou assumir AGORA para garantir que vou melhorar na próxima semana?

SEGUNDO/TERCEIRO MÊS (semana 9 de 52)

Objetivos/Compromissos principais — Os 3-5 principais objetivos que me comprometo 100% a conquistar nesta semana são:

____

____

____

____

____

Os Salvadores de Vida. Marque as práticas que você fez em cada dia.

→ Silêncio	S ☐	T ☐	Q ☐	Q ☐	S ☐	S ☐	D ☐
→ Afirmações	S ☐	T ☐	Q ☐	Q ☐	S ☐	S ☐	D ☐
→ Visualização	S ☐	T ☐	Q ☐	Q ☐	S ☐	S ☐	D ☐
→ Exercícios	S ☐	T ☐	Q ☐	Q ☐	S ☐	S ☐	D ☐
→ Leitura	S ☐	T ☐	Q ☐	Q ☐	S ☐	S ☐	D ☐
→ Escrita	S ☐	T ☐	Q ☐	Q ☐	S ☐	S ☐	D ☐

Segunda-feira [______] — Nunca é tarde para fazer o que é certo no momento certo.

____

____

____

____

____

Terça-feira [______] — Não vou perder de vista o milagre que estou vivendo todos os dias.

____

____

____

____

____

Quarta-feira [______] — Eu vou ser honesto(a) comigo e com os outros.

____

____

____

____

____

Quinta-feira [____] — Vou enfrentar todos os desafios com determinação.

Sexta-feira [____] — Vou me concentrar nos aspectos positivos da vida que me deixam bem em vez dos aspectos negativos que me desestimulam.

Sábado [____] — Vou manter a fé, o compromisso, seguir em frente e continuar assim até conquistar meus maiores objetivos e realizar meus sonhos.

Domingo [____] — Meu entusiasmo vai acrescentar energia e prazer à minha vida.

[Revisão semanal] — Quais foram as minhas conquistas e decepções? Quais compromissos eu vou assumir AGORA para garantir que vou melhorar na próxima semana?

TERCEIRO MÊS (semana 10 de 52)

Objetivos/Compromissos principais — Os 3-5 principais objetivos que me comprometo 100% a conquistar nesta semana são:

____

____

____

____

____

Os Salvadores de Vida. Marque as práticas que você fez em cada dia.

→ Silêncio	S ☐	T ☐	Q ☐	Q ☐	S ☐	S ☐	D ☐
→ Afirmações	S ☐	T ☐	Q ☐	Q ☐	S ☐	S ☐	D ☐
→ Visualização	S ☐	T ☐	Q ☐	Q ☐	S ☐	S ☐	D ☐
→ Exercícios	S ☐	T ☐	Q ☐	Q ☐	S ☐	S ☐	D ☐
→ Leitura	S ☐	T ☐	Q ☐	Q ☐	S ☐	S ☐	D ☐
→ Escrita	S ☐	T ☐	Q ☐	Q ☐	S ☐	S ☐	D ☐

Segunda-feira [______] — Hoje e todos os dias vou escolher fazer o que é certo em vez do que é fácil.

____

____

____

____

____

Terça-feira [______] — Eu me comprometo a aprender algo com todas as pessoas que encontro.

____

____

____

____

____

Quarta-feira [______] — Vou enfrentar todos os desafios com determinação.

____

____

____

____

____

Quinta-feira [______] — Tenho valor e sou tão capaz de alcançar o nível mais alto de sucesso quanto qualquer pessoa do planeta.

Sexta-feira [______] — Eu me recuso a aceitar a derrota.

Sábado [______] — Escolho ser uma pessoa melhor do que era no passado.

Domingo [______] — Vou exigir mais dos outros para despertar o que há de melhor neles.

[Revisão semanal] — Quais foram as minhas conquistas e decepções? Quais compromissos eu vou assumir AGORA para garantir que vou melhorar na próxima semana?

TERCEIRO MÊS (semana 11 de 52)

Objetivos/Compromissos principais — Os 3-5 principais objetivos que me comprometo 100% a conquistar nesta semana são:

______

______

______

______

______

Os Salvadores de Vida. Marque as práticas que você fez em cada dia.

→ Silêncio	S ☐	T ☐	Q ☐	Q ☐	S ☐	S ☐	D ☐
→ Afirmações	S ☐	T ☐	Q ☐	Q ☐	S ☐	S ☐	D ☐
→ Visualização	S ☐	T ☐	Q ☐	Q ☐	S ☐	S ☐	D ☐
→ Exercícios	S ☐	T ☐	Q ☐	Q ☐	S ☐	S ☐	D ☐
→ Leitura	S ☐	T ☐	Q ☐	Q ☐	S ☐	S ☐	D ☐
→ Escrita	S ☐	T ☐	Q ☐	Q ☐	S ☐	S ☐	D ☐

Segunda-feira [______] — Vou tomar uma atitude, mesmo quando não sentir vontade.

______

______

______

______

______

Terça-feira [______] — Vou me importar sinceramente com o sucesso alheio.

______

______

______

______

______

Quarta-feira [______] — Vou substituir o julgamento pela empatia, transformar as reclamações em gratidão e trocar o medo pelo amor.

______

______

______

______

______

Quinta-feira [______] — Eu me imagino conquistando o nível de sucesso que desejo e vou viver hoje de acordo com essa visão.

Sexta-feira [______] — Vou me permitir pensar GRANDE e agir com CORAGEM.

Sábado [______] — Ao encontrar formas de ajudar os outros a vivenciar a felicidade, também vou vivenciá-la.

Domingo [______] — Vou viver com inspiração e realização todos os dias.

[Revisão semanal] — Quais foram as minhas conquistas e decepções? Quais compromissos eu vou assumir AGORA para garantir que vou melhorar na próxima semana?

TERCEIRO MÊS (semana 12 de 52)

Objetivos/Compromissos principais — Os 3-5 principais objetivos que me comprometo 100% a conquistar nesta semana são:

____

____

____

____

____

Os Salvadores de Vida. Marque as práticas que você fez em cada dia.							
→ Silêncio	S ☐	T ☐	Q ☐	Q ☐	S ☐	S ☐	D ☐
→ Afirmações	S ☐	T ☐	Q ☐	Q ☐	S ☐	S ☐	D ☐
→ Visualização	S ☐	T ☐	Q ☐	Q ☐	S ☐	S ☐	D ☐
→ Exercícios	S ☐	T ☐	Q ☐	Q ☐	S ☐	S ☐	D ☐
→ Leitura	S ☐	T ☐	Q ☐	Q ☐	S ☐	S ☐	D ☐
→ Escrita	S ☐	T ☐	Q ☐	Q ☐	S ☐	S ☐	D ☐

Segunda-feira [______] — Vou me abrir para novas experiências.

____

____

____

____

____

Terça-feira [______] — Vou sentir medo e continuar mesmo assim, pois fazer algo que nunca fiz sempre vale a pena.

____

____

____

____

____

Quarta-feira [______] — Vou transformar o impossível em possível.

____

____

____

____

____

Quinta-feira [______] — Sou inteligente, capaz e mereço o sucesso extraordinário como qualquer outra pessoa.

____
____
____
____
____

Sexta-feira [______] — Vou viver a vida por escolha, não por acaso.

____
____
____
____
____

Sábado [______] — Vou elevar meus pensamentos para elevar minha vida.

____
____
____
____
____

Domingo [______] — Eu me comprometo a sentir gratidão em vez de reclamar, pois a gratidão vai me servir melhor.

____
____
____
____
____

[Revisão semanal] — Quais foram as minhas conquistas e decepções? Quais compromissos eu vou assumir AGORA para garantir que vou melhorar na próxima semana?

____
____
____
____
____

TERCEIRO MÊS (semana 13 de 52)

Objetivos/Compromissos principais — Os 3-5 principais objetivos que me comprometo 100% a conquistar nesta semana são:

Os Salvadores de Vida. Marque as práticas que você fez em cada dia.							
→ Silêncio	S ☐	T ☐	Q ☐	Q ☐	S ☐	S ☐	D ☐
→ Afirmações	S ☐	T ☐	Q ☐	Q ☐	S ☐	S ☐	D ☐
→ Visualização	S ☐	T ☐	Q ☐	Q ☐	S ☐	S ☐	D ☐
→ Exercícios	S ☐	T ☐	Q ☐	Q ☐	S ☐	S ☐	D ☐
→ Leitura	S ☐	T ☐	Q ☐	Q ☐	S ☐	S ☐	D ☐
→ Escrita	S ☐	T ☐	Q ☐	Q ☐	S ☐	S ☐	D ☐

Segunda-feira [______] — Vou valorizar as pessoas que amo, pois elas são tudo de que realmente preciso.

Terça-feira [______] — Eu me comprometo a criar meu destino.

Quarta-feira [______] — Eu penso, ajo e me sinto como a pessoa vencedora que sou.

Quinta-feira [______] — Vou aceitar o que já é (o passado que não se pode mudar) e abrir espaço para criar o que pode ser.

Sexta-feira [______] — Minha felicidade vai se multiplicar quando eu dividi-la com outras pessoas.

Sábado [______] — Na dúvida, sempre escolho o amor e a gratidão.

Domingo [______] — Vou fortalecer meus pensamentos positivos por meio da repetição constante.

[Revisão semanal] — Quais foram as minhas conquistas e decepções? Quais compromissos eu vou assumir AGORA para garantir que vou melhorar na próxima semana?

QUARTO MÊS (semana 14 de 52)

Objetivos/Compromissos principais — Os 3-5 principais objetivos que me comprometo 100% a conquistar nesta semana são:

Os Salvadores de Vida. Marque as práticas que você fez em cada dia.

→ Silêncio	S ☐	T ☐	Q ☐	Q ☐	S ☐	S ☐	D ☐
→ Afirmações	S ☐	T ☐	Q ☐	Q ☐	S ☐	S ☐	D ☐
→ Visualização	S ☐	T ☐	Q ☐	Q ☐	S ☐	S ☐	D ☐
→ Exercícios	S ☐	T ☐	Q ☐	Q ☐	S ☐	S ☐	D ☐
→ Leitura	S ☐	T ☐	Q ☐	Q ☐	S ☐	S ☐	D ☐
→ Escrita	S ☐	T ☐	Q ☐	Q ☐	S ☐	S ☐	D ☐

Segunda-feira [______] — Vou acordar cedo todos os dias para sonhar com o que está por vir enquanto os outros dormem.

Terça-feira [______] — Vou manter o foco no que desejo conquistar.

Quarta-feira [______] — Eu me comprometo a procurar novos mundos para conquistar.

Quinta-feira [______] — Vou escrever minhas ideias para que elas se entranhem no meu subconsciente.

Sexta-feira [______] — Vou ter o nível mais alto de sucesso quando amar minha família, meu trabalho e for incondicionalmente grato por todos os momentos da minha vida.

Sábado [______] — Vou me concentrar no que desejo conquistar.

Domingo [______] — Cada dia vai me trazer novas oportunidades a serem conquistadas.

[Revisão semanal] — Quais foram as minhas conquistas e decepções? Quais compromissos eu vou assumir AGORA para garantir que vou melhorar na próxima semana?

QUARTO MÊS (semana 15 de 52)

Objetivos/Compromissos principais — Os 3-5 principais objetivos que me comprometo 100% a conquistar nesta semana são:

____
____
____
____
____

Os Salvadores de Vida. Marque as práticas que você fez em cada dia.

→ Silêncio	S ☐	T ☐	Q ☐	Q ☐	S ☐	S ☐	D ☐
→ Afirmações	S ☐	T ☐	Q ☐	Q ☐	S ☐	S ☐	D ☐
→ Visualização	S ☐	T ☐	Q ☐	Q ☐	S ☐	S ☐	D ☐
→ Exercícios	S ☐	T ☐	Q ☐	Q ☐	S ☐	S ☐	D ☐
→ Leitura	S ☐	T ☐	Q ☐	Q ☐	S ☐	S ☐	D ☐
→ Escrita	S ☐	T ☐	Q ☐	Q ☐	S ☐	S ☐	D ☐

Segunda-feira [______] — Deixe que hoje seja o seu dia.

____
____
____
____
____

Terça-feira [______] — Em vez de me estressar, vou acreditar que a vida é uma bênção.

____
____
____
____
____

Quarta-feira [______] — Vou permitir que hoje seja o meu dia.

____
____
____
____
____

Quinta-feira [______] — Vou me concentrar menos no que posso receber e mais no que posso oferecer.

Sexta-feira [______] — A felicidade é uma escolha, e eu escolho ser feliz.

Sábado [______] — Hoje vou fazer tudo o que vinha adiando.

Domingo [______] — Ganho mais valor ao acrescentar valor à vida de outras pessoas.

[Revisão semanal] — Quais foram as minhas conquistas e decepções? Quais compromissos eu vou assumir AGORA para garantir que vou melhorar na próxima semana?

QUARTO MÊS (semana 16 de 52)

Objetivos/Compromissos principais — Os 3-5 principais objetivos que me comprometo 100% a conquistar nesta semana são:

____
____
____
____
____

Os Salvadores de Vida. Marque as práticas que você fez em cada dia.

→ Silêncio	S ☐	T ☐	Q ☐	Q ☐	S ☐	S ☐	D ☐
→ Afirmações	S ☐	T ☐	Q ☐	Q ☐	S ☐	S ☐	D ☐
→ Visualização	S ☐	T ☐	Q ☐	Q ☐	S ☐	S ☐	D ☐
→ Exercícios	S ☐	T ☐	Q ☐	Q ☐	S ☐	S ☐	D ☐
→ Leitura	S ☐	T ☐	Q ☐	Q ☐	S ☐	S ☐	D ☐
→ Escrita	S ☐	T ☐	Q ☐	Q ☐	S ☐	S ☐	D ☐

Segunda-feira [______] — Hoje vai ser o meu dia.

____
____
____
____
____

Terça-feira [______] — Minha vida vai estar em perfeita harmonia, pois terei consciência de todos os meus motivos para sentir gratidão.

____
____
____
____
____

Quarta-feira [______] — Eu espero e mereço o melhor.

____
____
____
____
____

Quinta-feira [______] — Cada dia vai trazer novas oportunidades.

Sexta-feira [______] — Vou buscar uma nova perspectiva hoje apenas mudando o meu ambiente.

Sábado [______] — Vou fazer com que hoje seja o melhor dia possível.

Domingo [______] — Eu me comprometo a viver bem, rir com frequência e amar bastante.

[Revisão semanal] — Quais foram as minhas conquistas e decepções? Quais compromissos eu vou assumir AGORA para garantir que vou melhorar na próxima semana?

QUARTO MÊS (semana 17 de 52)

Objetivos/Compromissos principais — Os 3-5 principais objetivos que me comprometo 100% a conquistar nesta semana são:

____

____

____

____

____

Os Salvadores de Vida. Marque as práticas que você fez em cada dia.

→ Silêncio	S ☐	T ☐	Q ☐	Q ☐	S ☐	S ☐	D ☐
→ Afirmações	S ☐	T ☐	Q ☐	Q ☐	S ☐	S ☐	D ☐
→ Visualização	S ☐	T ☐	Q ☐	Q ☐	S ☐	S ☐	D ☐
→ Exercícios	S ☐	T ☐	Q ☐	Q ☐	S ☐	S ☐	D ☐
→ Leitura	S ☐	T ☐	Q ☐	Q ☐	S ☐	S ☐	D ☐
→ Escrita	S ☐	T ☐	Q ☐	Q ☐	S ☐	S ☐	D ☐

Segunda-feira [______] — Hoje vou aproveitar o dia em vez de estragá-lo.

____

____

____

____

____

Terça-feira [______] — Eu me comprometo a aprender ouvindo mais e falando menos.

____

____

____

____

____

Quarta-feira [______] — Vou fazer tudo o que me dispus a fazer, sem exceções ou desculpas.

____

____

____

____

____

Quinta-feira [______] — Hoje vou acordar com paixão, propósito e um plano.

____

____

____

____

____

Sexta-feira [______] — Vou repetir até acreditar e vou me transformar no que disse.

____

____

____

____

____

Sábado [______] — Use as provas das conquistas alheias como evidência de que você também pode conseguir o mesmo.

____

____

____

____

____

Domingo [______] — Vou manter a calma diante de situações difíceis.

____

____

____

____

____

[Revisão semanal] — Quais foram as minhas conquistas e decepções? Quais compromissos eu vou assumir AGORA para garantir que vou melhorar na próxima semana?

____

____

____

____

____

QUARTO/QUINTO MÊS (semana 18 de 52)

Objetivos/Compromissos principais — Os 3-5 principais objetivos que me comprometo 100% a conquistar nesta semana são:

____
____
____
____
____

Os Salvadores de Vida. Marque as práticas que você fez em cada dia.							
→ Silêncio	S ☐	T ☐	Q ☐	Q ☐	S ☐	S ☐	D ☐
→ Afirmações	S ☐	T ☐	Q ☐	Q ☐	S ☐	S ☐	D ☐
→ Visualização	S ☐	T ☐	Q ☐	Q ☐	S ☐	S ☐	D ☐
→ Exercícios	S ☐	T ☐	Q ☐	Q ☐	S ☐	S ☐	D ☐
→ Leitura	S ☐	T ☐	Q ☐	Q ☐	S ☐	S ☐	D ☐
→ Escrita	S ☐	T ☐	Q ☐	Q ☐	S ☐	S ☐	D ☐

Segunda-feira [______] — Minha atitude positiva vai render grandes conquistas.

____
____
____
____
____

Terça-feira [______] — Eu me comprometo a reservar um tempo para relaxar.

____
____
____
____
____

Quarta-feira [______] — Não vou empacar pensando por onde começar, e sim me concentrar no primeiro passo.

____
____
____
____
____

Quinta-feira [______] — Vou me colocar em situações que exijam disposição para aumentar minha disposição.

Sexta-feira [______] — Vou arranjar tempo para fazer o que é importante.

Sábado [______] — Vou compartilhar minha visão com outras pessoas.

Domingo [______] — Eu me comprometo a dedicar a maior parte do tempo, energia e atenção a viver meu propósito.

[Revisão semanal] — Quais foram as minhas conquistas e decepções? Quais compromissos eu vou assumir AGORA para garantir que vou melhorar na próxima semana?

QUINTO MÊS (semana 19 de 52)

Objetivos/Compromissos principais — Os 3-5 principais objetivos que me comprometo 100% a conquistar nesta semana são:

____

____

____

____

____

Os Salvadores de Vida. Marque as práticas que você fez em cada dia.							
→ Silêncio	S ☐	T ☐	Q ☐	Q ☐	S ☐	S ☐	D ☐
→ Afirmações	S ☐	T ☐	Q ☐	Q ☐	S ☐	S ☐	D ☐
→ Visualização	S ☐	T ☐	Q ☐	Q ☐	S ☐	S ☐	D ☐
→ Exercícios	S ☐	T ☐	Q ☐	Q ☐	S ☐	S ☐	D ☐
→ Leitura	S ☐	T ☐	Q ☐	Q ☐	S ☐	S ☐	D ☐
→ Escrita	S ☐	T ☐	Q ☐	Q ☐	S ☐	S ☐	D ☐

Segunda-feira [______] — Vou me concentrar menos no que penso que sei e abrir espaço para aprender e crescer.

____

____

____

____

____

Terça-feira [______] — Estarei em harmonia com a vida em todas as suas formas.

____

____

____

____

____

Quarta-feira [______] — Minha vida é uma maravilhosa aventura.

____

____

____

____

____

Quinta-feira [______] — Vou aceitar tudo o que não posso mudar, sentir gratidão por tudo o que tenho e progredir constantemente na direção dos meus objetivos e sonhos.

Sexta-feira [______] — Vou planejar minha vida e viver de acordo com meu plano.

Sábado [______] — Eu me comprometo a ser responsável pela minha qualidade de vida.

Domingo [______] — Sempre serei feliz, nunca serei resignado e sempre saberei a diferença.

[Revisão semanal] — Quais foram as minhas conquistas e decepções? Quais compromissos eu vou assumir AGORA para garantir que vou melhorar na próxima semana?

QUINTO MÊS (semana 20 de 52)

Objetivos/Compromissos principais — Os 3-5 principais objetivos que me comprometo 100% a conquistar nesta semana são:

____

____

____

____

____

Os Salvadores de Vida. Marque as práticas que você fez em cada dia.							
→ Silêncio	S ☐	T ☐	Q ☐	Q ☐	S ☐	S ☐	D ☐
→ Afirmações	S ☐	T ☐	Q ☐	Q ☐	S ☐	S ☐	D ☐
→ Visualização	S ☐	T ☐	Q ☐	Q ☐	S ☐	S ☐	D ☐
→ Exercícios	S ☐	T ☐	Q ☐	Q ☐	S ☐	S ☐	D ☐
→ Leitura	S ☐	T ☐	Q ☐	Q ☐	S ☐	S ☐	D ☐
→ Escrita	S ☐	T ☐	Q ☐	Q ☐	S ☐	S ☐	D ☐

Segunda-feira [______] — Vou aceitar a vida antes que ela aconteça.

____

____

____

____

____

Terça-feira [______] — Eu me comprometo a ter disciplina para economizar dinheiro.

____

____

____

____

____

Quarta-feira [______] — Vou dedicar um dia por semana à diversão e ao relaxamento.

____

____

____

____

____

Quinta-feira [______] — Sempre tenho uma atitude vencedora.

Sexta-feira [______] — Escolho ver o dia de hoje como o melhor da minha vida, pois o que acontece ao meu redor não é tão importante quanto o que acontece internamente.

Sábado [______] — Não só vou aprender algo hoje como vou viver o que aprendi.

Domingo [______] — Serei responsável por escolher os motivos mais libertadores para explicar as ocorrências da minha vida.

[Revisão semanal] — Quais foram as minhas conquistas e decepções? Quais compromissos eu vou assumir AGORA para garantir que vou melhorar na próxima semana?

QUINTO MÊS (semana 21 de 52)

Objetivos/Compromissos principais — Os 3-5 principais objetivos que me comprometo 100% a conquistar nesta semana são:

Os Salvadores de Vida. Marque as práticas que você fez em cada dia.

→ Silêncio	S ☐	T ☐	Q ☐	Q ☐	S ☐	S ☐	D ☐
→ Afirmações	S ☐	T ☐	Q ☐	Q ☐	S ☐	S ☐	D ☐
→ Visualização	S ☐	T ☐	Q ☐	Q ☐	S ☐	S ☐	D ☐
→ Exercícios	S ☐	T ☐	Q ☐	Q ☐	S ☐	S ☐	D ☐
→ Leitura	S ☐	T ☐	Q ☐	Q ☐	S ☐	S ☐	D ☐
→ Escrita	S ☐	T ☐	Q ☐	Q ☐	S ☐	S ☐	D ☐

Segunda-feira [_____] — Vou manter uma fé inabalável em meus sonhos e fazer um esforço extraordinário para conquistar meus objetivos e criar milagres na minha vida.

Terça-feira [_____] — Sempre terei uma atitude vencedora.

Quarta-feira [_____] — Sinto gratidão pela abundância existente em minha vida.

Quinta-feira [______] — Vou me concentrar menos no que posso receber e mais no que posso oferecer.

Sexta-feira [______] — Eu me comprometo a ajudar os outros a terem sucesso.

Sábado [______] — Vou fazer um esforço extraordinário para gerar resultados extraordinários.

Domingo [______] — Vou enfrentar todos os meus desafios com determinação.

[Revisão semanal] — Quais foram as minhas conquistas e decepções? Quais compromissos eu vou assumir AGORA para garantir que vou melhorar na próxima semana?

QUINTO/SEXTO MÊS (semana 22 de 52)

Objetivos/Compromissos principais — Os 3-5 principais objetivos que me comprometo 100% a conquistar nesta semana são:

____

____

____

____

____

Os Salvadores de Vida. Marque as práticas que você fez em cada dia.							
→ Silêncio	S ☐	T ☐	Q ☐	Q ☐	S ☐	S ☐	D ☐
→ Afirmações	S ☐	T ☐	Q ☐	Q ☐	S ☐	S ☐	D ☐
→ Visualização	S ☐	T ☐	Q ☐	Q ☐	S ☐	S ☐	D ☐
→ Exercícios	S ☐	T ☐	Q ☐	Q ☐	S ☐	S ☐	D ☐
→ Leitura	S ☐	T ☐	Q ☐	Q ☐	S ☐	S ☐	D ☐
→ Escrita	S ☐	T ☐	Q ☐	Q ☐	S ☐	S ☐	D ☐

Segunda-feira [______] — Vou valorizar minha integridade ao máximo, viver de acordo com minhas palavras e cumprir meus compromissos.

____

____

____

____

____

Terça-feira [______] — Vou aprender a administrar o estresse para conquistar uma vida mais feliz.

____

____

____

____

____

Quarta-feira [______] — Vou me antecipar e planejar com antecedência para enfrentar os desafios.

____

____

____

Quinta-feira [______] — Meu crescimento pessoal é uma questão de progresso, não de perfeição.

Sexta-feira [______] — Vou amar a vida que tenho enquanto crio a melhor vida que posso imaginar.

Sábado [______] — Minha mente vai ficar mais forte com o uso.

Domingo [______] — Como eu penso vai determinar como eu ajo.

[Revisão semanal] — Quais foram as minhas conquistas e decepções? Quais compromissos eu vou assumir AGORA para garantir que vou melhorar na próxima semana?

SEXTO MÊS (semana 23 de 52)

Objetivos/Compromissos principais — Os 3-5 principais objetivos que me comprometo 100% a conquistar nesta semana são:

____

____

____

____

____

Os Salvadores de Vida. Marque as práticas que você fez em cada dia.

→ Silêncio	S ☐	T ☐	Q ☐	Q ☐	S ☐	S ☐	D ☐
→ Afirmações	S ☐	T ☐	Q ☐	Q ☐	S ☐	S ☐	D ☐
→ Visualização	S ☐	T ☐	Q ☐	Q ☐	S ☐	S ☐	D ☐
→ Exercícios	S ☐	T ☐	Q ☐	Q ☐	S ☐	S ☐	D ☐
→ Leitura	S ☐	T ☐	Q ☐	Q ☐	S ☐	S ☐	D ☐
→ Escrita	S ☐	T ☐	Q ☐	Q ☐	S ☐	S ☐	D ☐

Segunda-feira [______] — Eu tenho foco e empolgação.

____

____

____

____

____

Terça-feira [______] — Vou pensar no que desejo trazer para minha vida.

____

____

____

____

____

Quarta-feira [______] — Todos os dias vou esperar o melhor de mim e aceitar o que eu tiver a oferecer.

____

____

____

____

____

Quinta-feira [______] — Minha perspectiva libertadora vai gerar minha vida livre.

Sexta-feira [______] — Acredito que fico melhor a cada dia.

Sábado [______] — Todo dia eu vou acordar, criar intenção e depois me comprometer a fazer dele o melhor dia de todos.

Domingo [______] — Vou contribuir para minha comunidade.

[Revisão semanal] — Quais foram as minhas conquistas e decepções? Quais compromissos eu vou assumir AGORA para garantir que vou melhorar na próxima semana?

SEXTO MÊS (semana 24 de 52)

Objetivos/Compromissos principais — Os 3-5 principais objetivos que me comprometo 100% a conquistar nesta semana são:

____

____

____

____

____

Os Salvadores de Vida. Marque as práticas que você fez em cada dia.

→ Silêncio	S ☐	T ☐	Q ☐	Q ☐	S ☐	S ☐	D ☐
→ Afirmações	S ☐	T ☐	Q ☐	Q ☐	S ☐	S ☐	D ☐
→ Visualização	S ☐	T ☐	Q ☐	Q ☐	S ☐	S ☐	D ☐
→ Exercícios	S ☐	T ☐	Q ☐	Q ☐	S ☐	S ☐	D ☐
→ Leitura	S ☐	T ☐	Q ☐	Q ☐	S ☐	S ☐	D ☐
→ Escrita	S ☐	T ☐	Q ☐	Q ☐	S ☐	S ☐	D ☐

Segunda-feira [______] — Vou definir objetivos CORAJOSOS o bastante para me assustar, mas inspiradores e empolgantes o bastante para me comprometer 100% com eles.

____

____

____

____

____

Terça-feira [______] — Vou parar de me rebelar contra a ideia de viver minha vida ao máximo.

____

____

____

____

____

Quarta-feira [______] — Mereço o sucesso e trabalhei para obtê-lo.

____

____

____

Quinta-feira [______] — Vou dizer para mim mesmo: "A vida é perfeita e sinto gratidão" e repetir até acreditar nisso.

Sexta-feira [______] — Acredito que estou melhorando a cada dia.

Sábado [______] — Vou oferecer mais do que recebo todos os dias, em todos os lugares e com todo mundo, sempre.

Domingo [______] — Procuro oportunidades para crescer.

[Revisão semanal] — Quais foram as minhas conquistas e decepções? Quais compromissos eu vou assumir AGORA para garantir que vou melhorar na próxima semana?

SEXTO MÊS (semana 25 de 52)

Objetivos/Compromissos principais — Os 3-5 principais objetivos que me comprometo 100% a conquistar nesta semana são:

Os Salvadores de Vida. Marque as práticas que você fez em cada dia.

→ Silêncio	S ☐	T ☐	Q ☐	Q ☐	S ☐	S ☐	D ☐
→ Afirmações	S ☐	T ☐	Q ☐	Q ☐	S ☐	S ☐	D ☐
→ Visualização	S ☐	T ☐	Q ☐	Q ☐	S ☐	S ☐	D ☐
→ Exercícios	S ☐	T ☐	Q ☐	Q ☐	S ☐	S ☐	D ☐
→ Leitura	S ☐	T ☐	Q ☐	Q ☐	S ☐	S ☐	D ☐
→ Escrita	S ☐	T ☐	Q ☐	Q ☐	S ☐	S ☐	D ☐

Segunda-feira [______] — Sinto gratidão pelas pessoas na minha vida que me orientaram e apoiaram.

Terça-feira [______] — Sou o que escolho ser.

Quarta-feira [______] — Meu entusiasmo vai levar a grandes conquistas.

Quinta-feira [______] — Preciso aceitar que sou uma pessoa perfeita como sou, e todo o resto é apenas uma história que invento para mim.

Sexta-feira [______] — Vou oferecer alegremente mais do que as pessoas esperam.

Sábado [______] — Minha situação de vida atual é a oportunidade perfeita para aprender, crescer e ficar melhor do que nunca.

Domingo [______] — Não há limite para o que eu posso aprender.

[Revisão semanal] — Quais foram as minhas conquistas e decepções? Quais compromissos eu vou assumir AGORA para garantir que vou melhorar na próxima semana?

SEXTO MÊS (semana 26 de 52)

Objetivos/Compromissos principais — Os 3-5 principais objetivos que me comprometo 100% a conquistar nesta semana são:

Os Salvadores de Vida. Marque as práticas que você fez em cada dia.

→ Silêncio	S ☐	T ☐	Q ☐	Q ☐	S ☐	S ☐	D ☐
→ Afirmações	S ☐	T ☐	Q ☐	Q ☐	S ☐	S ☐	D ☐
→ Visualização	S ☐	T ☐	Q ☐	Q ☐	S ☐	S ☐	D ☐
→ Exercícios	S ☐	T ☐	Q ☐	Q ☐	S ☐	S ☐	D ☐
→ Leitura	S ☐	T ☐	Q ☐	Q ☐	S ☐	S ☐	D ☐
→ Escrita	S ☐	T ☐	Q ☐	Q ☐	S ☐	S ☐	D ☐

Segunda-feira [______] — Minha ascensão ao topo vai ficar mais fácil quando eu levar pessoas comigo.

Terça-feira [______] — Meus pensamentos positivos vão ficar mais fortes graças à repetição.

Quarta-feira [______] — Tenho o poder de mudar minha vida.

Quinta-feira [______] — Estou pronto(a) para o bem maior na minha vida.

___

Sexta-feira [______] — Vou priorizar e concentrar meu tempo no que terá o maior impacto positivo na minha vida agora.

___

Sábado [______] — Sei usar meu tempo de modo eficiente.

___

Domingo [______] — Tenho um interesse sincero nas outras pessoas.

___

[Revisão semanal] — Quais foram as minhas conquistas e decepções? Quais compromissos eu vou assumir AGORA para garantir que vou melhorar na próxima semana?

___

REVISÃO DOS SEIS MESES

Dá para acreditar que metade do ano já passou?! O tempo definitivamente voa quando você está criando e vivendo uma vida extraordinária... ☺

Agora é a hora de avaliar os primeiros seis meses do ano respondendo a quatro perguntas simples, mas poderosas. Esse processo vai permitir que você analise a primeira metade do ano, aumentando a sua consciência de modo a fazer ajustes e melhorias para garantir que os próximos seis meses sejam até 10x (sim, dez vezes) melhores do que os seis meses anteriores!

Este exercício é tão importante que recomendo reservar algumas horas para reler o que você escreveu no primeiro dia em seu diário de *O milagre da manhã* e reviver o semestre inteiro antes de voltar para esta página e responder às quatro perguntas "A melhor parte" abaixo. Vá em frente e comece agora mesmo. Se agora não for um bom momento, coloque na agenda e faça isso o mais rápido possível.

Quatro perguntas "A melhor parte" para garantir que os próximos seis meses sejam os MELHORES seis meses do ano!

E se eu disser que existem quatro perguntas simples e transformadoras que você pode se fazer agora e as respostas praticamente garantem que você terá melhoras significativas na vida pelos próximos seis meses? Estou falando de se transformar na melhor versão de si em termos pessoais, profissionais, financeiros, físicos, mentais, emocionais — você escolhe. Você investiria tempo para responder a essas quatro perguntas?

QUATRO PERGUNTAS PARA MELHORAR SUA VIDA NOS PRÓXIMOS SEIS MESES

Estou prestes a fornecer quatro perguntas estratégicas que você pode responder hoje mesmo e que vão garantir que você faça o restante do ano ser A MELHOR parte do seu ano. Foi por isso que as batizei de perguntas "A melhor parte". Na verdade, essas perguntas são TÃO valiosas que, na primeira vez que fiz esse exercício (em 2008), as respostas foram tão impactantes que me inspiraram a passar um fim de semana inteiro refletindo sobre elas. (Observação: você pode responder a estas perguntas em dez minutos ou dez horas, então não sinta que *precisa* passar o fim de semana todo pensando nelas, como eu fiz.)

Aqui estão as *Quatro perguntas "A melhor parte"*, seguidas por alguns passos específicos a serem seguidos nos próximos dias para garantir que você coloque em prática o valor que obteve neste exercício:

1. O que conquistei?
2. Quais foram minhas maiores decepções?
3. Que lições importantes posso aprender com minhas conquistas e decepções?
4. Quais são minhas três principais diretrizes para a segunda metade do ano?

P1 — O que conquistei?

Infelizmente, a maioria de nós acha mais fácil e tende a gastar mais tempo e energia se concentrando nos fracassos e nas decepções do que reconhecendo os sucessos e as conquistas. Contudo, todos nós vivemos *ambas as experiências*, e nos concentrarmos nos fracassos e no que "não conquistamos" apenas nos desestimula e prejudica a autoconfiança.

Apenas reconhecendo nossas conquistas podemos melhorar a autoimagem, aumentar a autoestima, dar um gás na autoconfiança e ganhar força para conquistar mais no futuro.

Na primeira vez que respondi esta pergunta e escrevi o máximo de conquistas que consegui lembrar (grandes e pequenas), cheguei a 42, e minha percepção da primeira metade do ano começou a mudar. Notei que não estava tão para trás quanto vinha dizendo a mim mesmo e permiti *me sentir bem* em relação a tudo que conquistei. Fechei os olhos, sorri e disse repetidas vezes: "Você está indo muito bem este ano, Hal... Você está indo muito bem este ano, Hal!" Isso pode parecer engraçado, mas foi ótimo passar um tempo reconhecendo minhas conquistas, para variar! Experimente. Acho que você vai ter uma surpresa agradável com os resultados.

P2 — Quais foram minhas maiores decepções?

Embora não seja necessário e muito menos saudável ficar remoendo as decepções, é importante e proativo reconhecê-las para que possamos aprender com elas e nos libertarmos. Como nós nos decepcionamos ou decepcionamos outras pessoas no ano passado? Que objetivos não conseguimos conquistar? Que hábitos ruins continuamos repetindo?

As decepções fazem parte da vida e acontecem com todo mundo. Se é possível aprender com elas, podemos usá-las para crescer, melhorar e não repetir os mesmos erros no futuro. Ao revisar os primeiros seis meses do ano, quais foram suas maiores decepções?

P3 — Que lições importantes posso aprender com minhas conquistas e decepções?

Uma lição que coloquei em prática e que continua a me fortalecer para melhorar todos os aspectos da vida é: "Aprenda algo em todas as ocasiões." Quando se trata de aprender com as "conquistas", podemos ter lições importantes relacionadas ao que nos motivou, inspirou ou permitiu essas conquistas. Quanto a aprender com as decepções, podemos internalizar lições importantes sobre os pensamentos, comportamentos, ações, emoções ou hábitos que nos levaram a criar (ou não criar) o que nos decepcionou. Geralmente, nossas maiores decepções fornecem as lições mais transformadoras.

P4 — Quais são minhas três principais diretrizes para a segunda metade do ano?

Depois de reconhecer suas conquistas e decepções e extrair as LIÇÕES fundamentais para melhorar sua vida, o que vai trazer mais benefícios será escolher as três principais diretrizes para mantê-lo na linha pelo resto do ano. Você pode apenas copiar e colar suas três lições mais importantes e colocá-las em algum lugar onde possa ver todos os dias, a fim de manter o foco no que terá o maior impacto para melhorar a sua vida no próximo ano.

Estas são as três principais diretrizes que criei em 2008 para ter sucesso:

1. Manter o foco em um projeto (ou tarefa) de cada vez e terminar tudo antes de seguir para o próximo.
2. Delegar todas as tarefas que não valorizem meus dons naturais e áreas específicas de excelência.
3. Fazer um esforço para que todas as minhas ações sejam DIVERTIDAS, feitas com AMOR incondicional e GRATIDÃO sincera.

E então, quais são suas três principais diretrizes para ter sucesso nos próximos seis meses?

1. ____

2. ____

3. ____

Considerações finais: Espero que você tenha decidido investir um tempo e responder às quatro perguntas "A melhor parte". Você terá uma oportunidade de respondê-las novamente daqui a seis meses, durante a REVISÃO ANUAL do diário de *O milagre da manhã*. Espero que faça dos próximos seis meses OS MELHORES da sua vida!

SÉTIMO MÊS (semana 27 de 52)

Objetivos/Compromissos principais — Os 3-5 principais objetivos que me comprometo 100% a conquistar nesta semana são:

____

____

____

____

____

Os Salvadores de Vida. Marque as práticas que você fez em cada dia.							
→ Silêncio	S ☐	T ☐	Q ☐	Q ☐	S ☐	S ☐	D ☐
→ Afirmações	S ☐	T ☐	Q ☐	Q ☐	S ☐	S ☐	D ☐
→ Visualização	S ☐	T ☐	Q ☐	Q ☐	S ☐	S ☐	D ☐
→ Exercícios	S ☐	T ☐	Q ☐	Q ☐	S ☐	S ☐	D ☐
→ Leitura	S ☐	T ☐	Q ☐	Q ☐	S ☐	S ☐	D ☐
→ Escrita	S ☐	T ☐	Q ☐	Q ☐	S ☐	S ☐	D ☐

Segunda-feira [______] — Vou além da natureza humana para canalizar o SUPER-humano que existe em cada um de nós.

____

____

____

____

____

Terça-feira [______] — Posso e vou conseguir.

____

____

____

____

____

Quarta-feira [______] — Eu me comprometo a abrir as portas para a oportunidade.

____

____

____

____

____

Quinta-feira [______] — Desenvolvo valores claros e positivos que guiam minhas escolhas.

Sexta-feira [______] — Vou aprender a gostar do que geralmente evito fazer ao decidir fazê-lo com comprometimento.

Sábado [______] — O que faço com estes preciosos momentos hoje vai criar meu amanhã.

Domingo [______] — Todos são meus professores.

[Revisão semanal] — Quais foram as minhas conquistas e decepções? Quais compromissos eu vou assumir AGORA para garantir que vou melhorar na próxima semana?

SÉTIMO MÊS (semana 28 de 52)

Objetivos/Compromissos principais — Os 3-5 principais objetivos que me comprometo 100% a conquistar nesta semana são:

Os Salvadores de Vida. Marque as práticas que você fez em cada dia.

→ Silêncio	S ☐	T ☐	Q ☐	Q ☐	S ☐	S ☐	D ☐
→ Afirmações	S ☐	T ☐	Q ☐	Q ☐	S ☐	S ☐	D ☐
→ Visualização	S ☐	T ☐	Q ☐	Q ☐	S ☐	S ☐	D ☐
→ Exercícios	S ☐	T ☐	Q ☐	Q ☐	S ☐	S ☐	D ☐
→ Leitura	S ☐	T ☐	Q ☐	Q ☐	S ☐	S ☐	D ☐
→ Escrita	S ☐	T ☐	Q ☐	Q ☐	S ☐	S ☐	D ☐

Segunda-feira [______] — Vou tratar a todos com amor e respeito.

Terça-feira [______] — Sempre vou esperar o melhor de mim.

Quarta-feira [______] — Vou escolher com sabedoria e viver com inteligência.

Quinta-feira [______] — Eu me comprometo a escolher uma vida abundante.

Sexta-feira [______] — Vou praticar o que me faz feliz até virar um hábito.

Sábado [______] — É minha responsabilidade criar motivação diariamente.

Domingo [______] — Vou alimentar a mente, o corpo e o espírito hoje e todos os dias.

[Revisão semanal] — Quais foram as minhas conquistas e decepções? Quais compromissos eu vou assumir AGORA para garantir que vou melhorar na próxima semana?

SÉTIMO MÊS (semana 29 de 52)

Objetivos/Compromissos principais — Os 3-5 principais objetivos que me comprometo 100% a conquistar nesta semana são:

Os Salvadores de Vida. Marque as práticas que você fez em cada dia.							
→ Silêncio	S ☐	T ☐	Q ☐	Q ☐	S ☐	S ☐	D ☐
→ Afirmações	S ☐	T ☐	Q ☐	Q ☐	S ☐	S ☐	D ☐
→ Visualização	S ☐	T ☐	Q ☐	Q ☐	S ☐	S ☐	D ☐
→ Exercícios	S ☐	T ☐	Q ☐	Q ☐	S ☐	S ☐	D ☐
→ Leitura	S ☐	T ☐	Q ☐	Q ☐	S ☐	S ☐	D ☐
→ Escrita	S ☐	T ☐	Q ☐	Q ☐	S ☐	S ☐	D ☐

Segunda-feira [______] — Vou aproveitar a vida ao máximo.

Terça-feira [______] — Vou me empolgar com a possibilidade de conquistar meus objetivos.

Quarta-feira [______] — Hoje é o melhor dia para fazer tudo o que eu vinha adiando.

Quinta-feira [______] — Hoje vou tomar as atitudes necessárias para mudar minha vida.

____
____
____
____
____

Sexta-feira [______] — Recebo da vida o que ofereço a ela.

____
____
____
____
____

Sábado [______] — Hoje vou dominar a capacidade de começar dando o primeiro passo e fazendo algo que estou adiando há tempos.

____
____
____
____
____

Domingo [______] — Mereço ter orgulho de mim mesmo.

____
____
____
____
____

[Revisão semanal] — Quais foram as minhas conquistas e decepções? Quais compromissos eu vou assumir AGORA para garantir que vou melhorar na próxima semana?

____
____
____
____
____

SÉTIMO MÊS (semana 30 de 52)

Objetivos/Compromissos principais — Os 3-5 principais objetivos que me comprometo 100% a conquistar nesta semana são:

____

____

____

____

____

Os Salvadores de Vida. Marque as práticas que você fez em cada dia.

→ Silêncio	S ☐	T ☐	Q ☐	Q ☐	S ☐	S ☐	D ☐
→ Afirmações	S ☐	T ☐	Q ☐	Q ☐	S ☐	S ☐	D ☐
→ Visualização	S ☐	T ☐	Q ☐	Q ☐	S ☐	S ☐	D ☐
→ Exercícios	S ☐	T ☐	Q ☐	Q ☐	S ☐	S ☐	D ☐
→ Leitura	S ☐	T ☐	Q ☐	Q ☐	S ☐	S ☐	D ☐
→ Escrita	S ☐	T ☐	Q ☐	Q ☐	S ☐	S ☐	D ☐

Segunda-feira [______] — Não vou evitar as mudanças e os desafios, e sim dar boas-vindas a eles.

____

____

____

____

____

Terça-feira [______] — Sempre espero o melhor e aceito o restante.

____

____

____

____

____

Quarta-feira [______] — Buscar incessantemente meus objetivos desenvolve meu caráter.

____

____

____

____

____

Quinta-feira [______] — Eu me concentro nos meus pontos fortes.

____
____
____
____
____

Sexta-feira [______] — Trabalho com propósito e paixão para chegar à minha visão.

____
____
____
____
____

Sábado [______] — O que importa é a pessoa em quem vou me transformar.

____
____
____
____
____

Domingo [______] — Serei uma pessoa vencedora ao pensar e falar como uma pessoa vencedora.

____
____
____
____
____

[Revisão semanal] — Quais foram as minhas conquistas e decepções? Quais compromissos eu vou assumir AGORA para garantir que vou melhorar na próxima semana?

____
____
____
____
____

SÉTIMO/OITAVO MÊS (semana 31 de 52)

Objetivos/Compromissos principais — Os 3-5 principais objetivos que me comprometo 100% a conquistar nesta semana são:

Os Salvadores de Vida. Marque as práticas que você fez em cada dia.							
→ Silêncio	S ☐	T ☐	Q ☐	Q ☐	S ☐	S ☐	D ☐
→ Afirmações	S ☐	T ☐	Q ☐	Q ☐	S ☐	S ☐	D ☐
→ Visualização	S ☐	T ☐	Q ☐	Q ☐	S ☐	S ☐	D ☐
→ Exercícios	S ☐	T ☐	Q ☐	Q ☐	S ☐	S ☐	D ☐
→ Leitura	S ☐	T ☐	Q ☐	Q ☐	S ☐	S ☐	D ☐
→ Escrita	S ☐	T ☐	Q ☐	Q ☐	S ☐	S ☐	D ☐

Segunda-feira [______] — Sempre procuro aperfeiçoar meu melhor e ir além.

Terça-feira [______] — Vou me abrir para novas experiências e buscar novos desafios.

Quarta-feira [______] — Tudo o que eu desejar da vida está disponível para mim.

Quinta-feira [______] — O universo está só esperando que eu tome uma atitude.

Sexta-feira [______] — Eu me comprometo a ser a pessoa mais positiva que conheço.

Sábado [______] — Esta manhã eu escolho me abrir para novas ideias e oportunidades.

Domingo [______] — Vou reservar o dia para crescer, aprender, fazer conexões e contribuir com todas as pessoas com quem fizer contato.

[Revisão semanal] — Quais foram as minhas conquistas e decepções? Quais compromissos eu vou assumir AGORA para garantir que vou melhorar na próxima semana?

OITAVO MÊS (semana 32 de 52)

Objetivos/Compromissos principais — Os 3-5 principais objetivos que me comprometo 100% a conquistar nesta semana são:

Os Salvadores de Vida. Marque as práticas que você fez em cada dia.

→ Silêncio	S ☐	T ☐	Q ☐	Q ☐	S ☐	S ☐	D ☐
→ Afirmações	S ☐	T ☐	Q ☐	Q ☐	S ☐	S ☐	D ☐
→ Visualização	S ☐	T ☐	Q ☐	Q ☐	S ☐	S ☐	D ☐
→ Exercícios	S ☐	T ☐	Q ☐	Q ☐	S ☐	S ☐	D ☐
→ Leitura	S ☐	T ☐	Q ☐	Q ☐	S ☐	S ☐	D ☐
→ Escrita	S ☐	T ☐	Q ☐	Q ☐	S ☐	S ☐	D ☐

Segunda-feira [______] — Minhas companhias influenciam quem eu sou, portanto vou me cercar de pessoas inspiradoras.

Terça-feira [______] — Vou manter o foco no que eu desejo.

Quarta-feira [______] — Sou responsável por mim e pelo meu caminho.

Quinta-feira [______] — Serei uma força para o bem, para a criação e para a contribuição altruísta.

____
____
____
____
____

Sexta-feira [______] — Eu me visualizo exatamente do jeito que desejo ser.

____
____
____
____
____

Sábado [______] — Não vou me julgar pelos olhos dos outros.

____
____
____
____
____

Domingo [______] — Decidi que hoje vai ser um dia incrível, e isso cabe a mim.

____
____
____
____
____

[Revisão semanal] — Quais foram as minhas conquistas e decepções? Quais compromissos eu vou assumir AGORA para garantir que vou melhorar na próxima semana?

____
____
____
____
____

OITAVO MÊS (semana 33 de 52)

Objetivos/Compromissos principais — Os 3-5 principais objetivos que me comprometo 100% a conquistar nesta semana são:

____

____

____

____

____

Os Salvadores de Vida. Marque as práticas que você fez em cada dia.							
→ Silêncio	S ☐	T ☐	Q ☐	Q ☐	S ☐	S ☐	D ☐
→ Afirmações	S ☐	T ☐	Q ☐	Q ☐	S ☐	S ☐	D ☐
→ Visualização	S ☐	T ☐	Q ☐	Q ☐	S ☐	S ☐	D ☐
→ Exercícios	S ☐	T ☐	Q ☐	Q ☐	S ☐	S ☐	D ☐
→ Leitura	S ☐	T ☐	Q ☐	Q ☐	S ☐	S ☐	D ☐
→ Escrita	S ☐	T ☐	Q ☐	Q ☐	S ☐	S ☐	D ☐

Segunda-feira [______] — Acredito que mereço tudo de bom que eu desejo.

____

____

____

____

____

Terça-feira [______] — Não vou mais aceitar a mediocridade em minha vida. De hoje em diante sou capaz de conquistar tudo o que desejar.

____

____

____

____

____

Quarta-feira [______] — Busco a excelência em tudo o que faço.

____

____

____

____

____

Quinta-feira [______] — Tenho orgulho de fazer meu trabalho da melhor forma possível.

Sexta-feira [______] — Eu perdoo a mim e aos outros.

Sábado [______] — Vou abandonar quem eu sou em prol de quem desejo ser.

Domingo [______] — Vou seguir na direção dos meus objetivos e sonhos, mesmo quando não sentir disposição para isso.

[Revisão semanal] — Quais foram as minhas conquistas e decepções? Quais compromissos eu vou assumir AGORA para garantir que vou melhorar na próxima semana?

OITAVO MÊS (semana 34 de 52)

Objetivos/Compromissos principais — Os 3-5 principais objetivos que me comprometo 100% a conquistar nesta semana são:

Os Salvadores de Vida. Marque as práticas que você fez em cada dia.

→ Silêncio	S ☐	T ☐	Q ☐	Q ☐	S ☐	S ☐	D ☐
→ Afirmações	S ☐	T ☐	Q ☐	Q ☐	S ☐	S ☐	D ☐
→ Visualização	S ☐	T ☐	Q ☐	Q ☐	S ☐	S ☐	D ☐
→ Exercícios	S ☐	T ☐	Q ☐	Q ☐	S ☐	S ☐	D ☐
→ Leitura	S ☐	T ☐	Q ☐	Q ☐	S ☐	S ☐	D ☐
→ Escrita	S ☐	T ☐	Q ☐	Q ☐	S ☐	S ☐	D ☐

Segunda-feira [______] — Vou me perdoar e fazer o mesmo pelos outros.

Terça-feira [______] — Não vou aceitar menos do que posso ser.

Quarta-feira [______] — Para ter mais, eu serei mais.

Quinta-feira [______] — Quando não sentir motivação, vou tomar uma atitude para me motivar.

Sexta-feira [______] — Vou modificar minha situação ao mudar minhas crenças.

Sábado [______] — Vou mudar meus pensamentos para mudar minha vida.

Domingo [______] — Vou esperar um milagre na minha vida hoje.

[Revisão semanal] — Quais foram as minhas conquistas e decepções? Quais compromissos eu vou assumir AGORA para garantir que vou melhorar na próxima semana?

OITAVO/NONO MÊS (semana 35 de 52)

Objetivos/Compromissos principais — Os 3-5 principais objetivos que me comprometo 100% a conquistar nesta semana são:

____

____

____

____

____

Os Salvadores de Vida. Marque as práticas que você fez em cada dia.

→ Silêncio	S ☐	T ☐	Q ☐	Q ☐	S ☐	S ☐	D ☐
→ Afirmações	S ☐	T ☐	Q ☐	Q ☐	S ☐	S ☐	D ☐
→ Visualização	S ☐	T ☐	Q ☐	Q ☐	S ☐	S ☐	D ☐
→ Exercícios	S ☐	T ☐	Q ☐	Q ☐	S ☐	S ☐	D ☐
→ Leitura	S ☐	T ☐	Q ☐	Q ☐	S ☐	S ☐	D ☐
→ Escrita	S ☐	T ☐	Q ☐	Q ☐	S ☐	S ☐	D ☐

Segunda-feira [______] — Vou remover todas as barreiras do meu caminho.

____

____

____

____

____

Terça-feira [______] — Eu escolho ser feliz porque desejo ser feliz.

____

____

____

____

____

Quarta-feira [______] — Vou pensar GRANDE para ter um GRANDE sucesso.

____

____

____

____

____

Quinta-feira [______] — Hoje é o primeiro dia do resto da minha vida.

Sexta-feira [______] — Vejo muitas opções em toda situação.

Sábado [______] — Posso acreditar que sou capaz ou que não sou capaz, e terei razão de um jeito ou de outro.

Domingo [______] — Vou criar meu horóscopo e minhas previsões.

[Revisão semanal] — Quais foram as minhas conquistas e decepções? Quais compromissos eu vou assumir AGORA para garantir que vou melhorar na próxima semana?

NONO MÊS (semana 36 de 52)

Objetivos/Compromissos principais — Os 3-5 principais objetivos que me comprometo 100% a conquistar nesta semana são:

____

____

____

____

____

Os Salvadores de Vida. Marque as práticas que você fez em cada dia.

→ Silêncio	S ☐	T ☐	Q ☐	Q ☐	S ☐	S ☐	D ☐
→ Afirmações	S ☐	T ☐	Q ☐	Q ☐	S ☐	S ☐	D ☐
→ Visualização	S ☐	T ☐	Q ☐	Q ☐	S ☐	S ☐	D ☐
→ Exercícios	S ☐	T ☐	Q ☐	Q ☐	S ☐	S ☐	D ☐
→ Leitura	S ☐	T ☐	Q ☐	Q ☐	S ☐	S ☐	D ☐
→ Escrita	S ☐	T ☐	Q ☐	Q ☐	S ☐	S ☐	D ☐

Segunda-feira [_____] — Eu me comprometo a ter mais coragem hoje do que ontem.

____

____

____

____

____

Terça-feira [_____] — Posso adicionar valor à vida de todas as pessoas que encontro.

____

____

____

____

____

Quarta-feira [_____] — Vou continuar fazendo tudo com paixão.

____

____

____

____

____

Quinta-feira [_____] — Vou terminar o que comecei.

Sexta-feira [_____] — Vou me lembrar de sentir gratidão por tudo o que tenho, todos os dias.

Sábado [_____] — Vou liberar o passado e ficar livre para seguir em frente.

Domingo [_____] — Vou lutar até ter sucesso.

[Revisão semanal] — Quais foram as minhas conquistas e decepções? Quais compromissos eu vou assumir AGORA para garantir que vou melhorar na próxima semana?

NONO MÊS (semana 37 de 52)

Objetivos/Compromissos principais — Os 3-5 principais objetivos que me comprometo 100% a conquistar nesta semana são:

____

____

____

____

____

Os Salvadores de Vida. Marque as práticas que você fez em cada dia.

→ Silêncio	S ☐	T ☐	Q ☐	Q ☐	S ☐	S ☐	D ☐
→ Afirmações	S ☐	T ☐	Q ☐	Q ☐	S ☐	S ☐	D ☐
→ Visualização	S ☐	T ☐	Q ☐	Q ☐	S ☐	S ☐	D ☐
→ Exercícios	S ☐	T ☐	Q ☐	Q ☐	S ☐	S ☐	D ☐
→ Leitura	S ☐	T ☐	Q ☐	Q ☐	S ☐	S ☐	D ☐
→ Escrita	S ☐	T ☐	Q ☐	Q ☐	S ☐	S ☐	D ☐

Segunda-feira [______] — Vou fazer todas as tarefas com confiança.

____

____

____

____

____

Terça-feira [______] — Vou amar com intensidade e paixão, pois não há recompensa sem risco.

____

____

____

____

____

Quarta-feira [______] — Só vou esperar coisas boas da vida.

____

____

____

____

____

Quinta-feira [______] — Quando achar algo que realmente desejo, não vou deixar os obstáculos atrapalharem.

____
____
____
____
____

Sexta-feira [______] — Vou ter uma vida boa, respeitável e digna de orgulho, para poder apreciá-la pela segunda vez quando olhar para trás.

____
____
____
____
____

Sábado [______] — Minha energia positiva será contagiante.

____
____
____
____
____

Domingo [______] — Vou aproveitar a vida ao máximo e não me arrepender de nada.

____
____
____
____
____

[Revisão semanal] — Quais foram as minhas conquistas e decepções? Quais compromissos eu vou assumir AGORA para garantir que vou melhorar na próxima semana?

____
____
____
____
____

NONO MÊS (semana 38 de 52)

Objetivos/Compromissos principais — Os 3-5 principais objetivos que me comprometo 100% a conquistar nesta semana são:

Os Salvadores de Vida. Marque as práticas que você fez em cada dia.

→ Silêncio	S ☐	T ☐	Q ☐	Q ☐	S ☐	S ☐	D ☐
→ Afirmações	S ☐	T ☐	Q ☐	Q ☐	S ☐	S ☐	D ☐
→ Visualização	S ☐	T ☐	Q ☐	Q ☐	S ☐	S ☐	D ☐
→ Exercícios	S ☐	T ☐	Q ☐	Q ☐	S ☐	S ☐	D ☐
→ Leitura	S ☐	T ☐	Q ☐	Q ☐	S ☐	S ☐	D ☐
→ Escrita	S ☐	T ☐	Q ☐	Q ☐	S ☐	S ☐	D ☐

Segunda-feira [______] — Eu me comprometo a ler pelo menos um livro de aperfeiçoamento pessoal por semana.

Terça-feira [______] — Vou apreciar e valorizar meus amigos e expressar a gratidão que sinto por eles.

Quarta-feira [______] — Vou me cercar das pessoas que amo.

Quinta-feira [______] — Vou servir de modelo de conduta para os outros e dedicar um tempo para dividir meu sucesso com as pessoas ao redor.

Sexta-feira [______] — Tenho o poder de mudar meus pensamentos.

Sábado [______] — Quando me sinto mal, procuro apoio em quem confio e respeito.

Domingo [______] — Minhas palavras e atitudes sempre estão cheias de boas intenções.

[Revisão semanal] — Quais foram as minhas conquistas e decepções? Quais compromissos eu vou assumir AGORA para garantir que vou melhorar na próxima semana?

NONO MÊS (semana 39 de 52)

Objetivos/Compromissos principais — Os 3-5 principais objetivos que me comprometo 100% a conquistar nesta semana são:

____

____

____

____

____

Os Salvadores de Vida. Marque as práticas que você fez em cada dia.

→ Silêncio	S ☐	T ☐	Q ☐	Q ☐	S ☐	S ☐	D ☐
→ Afirmações	S ☐	T ☐	Q ☐	Q ☐	S ☐	S ☐	D ☐
→ Visualização	S ☐	T ☐	Q ☐	Q ☐	S ☐	S ☐	D ☐
→ Exercícios	S ☐	T ☐	Q ☐	Q ☐	S ☐	S ☐	D ☐
→ Leitura	S ☐	T ☐	Q ☐	Q ☐	S ☐	S ☐	D ☐
→ Escrita	S ☐	T ☐	Q ☐	Q ☐	S ☐	S ☐	D ☐

Segunda-feira [______] — Faço a diferença no mundo ao meu redor.

____

____

____

____

____

Terça-feira [______] — A sinceridade dos meus sentimentos vai inspirar outras pessoas.

____

____

____

____

____

Quarta-feira [______] — Vou encontrar um motivo para sorrir e gargalhar hoje.

____

____

____

____

____

Quinta-feira [______] — Vou viver com integridade.

Sexta-feira [______] — A paz na Terra começa comigo.

Sábado [______] — Sou uma pessoa boa o bastante, inteligente o bastante, e, além disso, as pessoas gostam de mim.

Domingo [______] — Eu me divirto. A vida é curta demais para me levar tão a sério.

[Revisão semanal] — Quais foram as minhas conquistas e decepções? Quais compromissos eu vou assumir AGORA para garantir que vou melhorar na próxima semana?

NONO/DÉCIMO MÊS (semana 40 de 52)

Objetivos/Compromissos principais — Os 3-5 principais objetivos que me comprometo 100% a conquistar nesta semana são:

____

____

____

____

____

Os Salvadores de Vida. Marque as práticas que você fez em cada dia.

→ Silêncio	S ☐	T ☐	Q ☐	Q ☐	S ☐	S ☐	D ☐
→ Afirmações	S ☐	T ☐	Q ☐	Q ☐	S ☐	S ☐	D ☐
→ Visualização	S ☐	T ☐	Q ☐	Q ☐	S ☐	S ☐	D ☐
→ Exercícios	S ☐	T ☐	Q ☐	Q ☐	S ☐	S ☐	D ☐
→ Leitura	S ☐	T ☐	Q ☐	Q ☐	S ☐	S ☐	D ☐
→ Escrita	S ☐	T ☐	Q ☐	Q ☐	S ☐	S ☐	D ☐

Segunda-feira [______] — Eu venço porque posso.

____

____

____

____

____

Terça-feira [______] — Não vou considerar nada na vida como garantido, e sim ter consciência de todos os motivos para sentir gratidão.

____

____

____

____

____

Quarta-feira [______] — Vou alinhar meus valores aos meus objetivos.

____

____

____

____

____

Quinta-feira [______] — Vou fazer planos para o ano que vem de aumentar o progresso que tive este ano.

____
____
____
____
____

Sexta-feira [______] — Sempre vou arrumar tempo para melhorar o dia de alguém.

____
____
____
____
____

Sábado [______] — Vou ser uma pessoa generosa na hora de elogiar.

____
____
____
____
____

Domingo [______] — Meus sonhos são possíveis quando me comprometo a realizá-los.

____
____
____
____
____

[Revisão semanal] — Quais foram as minhas conquistas e decepções? Quais compromissos eu vou assumir AGORA para garantir que vou melhorar na próxima semana?

____
____
____
____
____

DÉCIMO MÊS (semana 41 de 52)

Objetivos/Compromissos principais — Os 3-5 principais objetivos que me comprometo 100% a conquistar nesta semana são:

____

____

____

____

____

Os Salvadores de Vida. Marque as práticas que você fez em cada dia.

→ Silêncio	S ☐	T ☐	Q ☐	Q ☐	S ☐	S ☐	D ☐
→ Afirmações	S ☐	T ☐	Q ☐	Q ☐	S ☐	S ☐	D ☐
→ Visualização	S ☐	T ☐	Q ☐	Q ☐	S ☐	S ☐	D ☐
→ Exercícios	S ☐	T ☐	Q ☐	Q ☐	S ☐	S ☐	D ☐
→ Leitura	S ☐	T ☐	Q ☐	Q ☐	S ☐	S ☐	D ☐
→ Escrita	S ☐	T ☐	Q ☐	Q ☐	S ☐	S ☐	D ☐

Segunda-feira [______] — Vou aceitar meus erros, pois isso sempre gera aprendizado e crescimento.

____

____

____

____

____

Terça-feira [______] — Corro riscos porque é assim que cresço.

____

____

____

____

____

Quarta-feira [______] — O sucesso começa na minha mente.

____

____

____

____

____

Quinta-feira [______] — Tudo de que preciso para conquistar o que desejo já está em mim.

____
____
____
____
____

Sexta-feira [______] — Sempre há espaço para melhorar.

____
____
____
____
____

Sábado [______] — Posso aprender algo com todas as pessoas que encontro.

____
____
____
____
____

Domingo [______] — Meu ambiente é um espelho das minhas atitudes.

____
____
____
____
____

[Revisão semanal] — Quais foram as minhas conquistas e decepções? Quais compromissos eu vou assumir AGORA para garantir que vou melhorar na próxima semana?

____
____
____
____
____

DÉCIMO MÊS (semana 42 de 52)

Objetivos/Compromissos principais — Os 3-5 principais objetivos que me comprometo 100% a conquistar nesta semana são:

____

____

____

____

____

Os Salvadores de Vida. Marque as práticas que você fez em cada dia.

→ Silêncio	S ☐	T ☐	Q ☐	Q ☐	S ☐	S ☐	D ☐
→ Afirmações	S ☐	T ☐	Q ☐	Q ☐	S ☐	S ☐	D ☐
→ Visualização	S ☐	T ☐	Q ☐	Q ☐	S ☐	S ☐	D ☐
→ Exercícios	S ☐	T ☐	Q ☐	Q ☐	S ☐	S ☐	D ☐
→ Leitura	S ☐	T ☐	Q ☐	Q ☐	S ☐	S ☐	D ☐
→ Escrita	S ☐	T ☐	Q ☐	Q ☐	S ☐	S ☐	D ☐

Segunda-feira [______] — Sempre vou encontrar o melhor nos outros.

____

____

____

____

____

Terça-feira [______] — Eu me comprometo a deixar o mundo um pouco melhor do que encontrei.

____

____

____

____

____

Quarta-feira [______] — Eu sou o que escolho ser.

____

____

____

____

____

Quinta-feira [______] — As recompensas que recebo são diretamente proporcionais à minha contribuição.

____
____
____
____
____

Sexta-feira [______] — Não vou inventar desculpas e sim procurar aprender com meus erros.

____
____
____
____
____

Sábado [______] — Todo dia será minha obra-prima.

____
____
____
____
____

Domingo [______] — Vou dedicar 100% do meu foco à pessoa com quem estou interagindo no momento.

____
____
____
____
____

[Revisão semanal] — Quais foram as minhas conquistas e decepções? Quais compromissos eu vou assumir AGORA para garantir que vou melhorar na próxima semana?

____
____
____
____
____

DÉCIMO MÊS (semana 43 de 52)

Objetivos/Compromissos principais — Os 3-5 principais objetivos que me comprometo 100% a conquistar nesta semana são:

____

____

____

____

____

Os Salvadores de Vida. Marque as práticas que você fez em cada dia.

→ Silêncio	S ☐	T ☐	Q ☐	Q ☐	S ☐	S ☐	D ☐
→ Afirmações	S ☐	T ☐	Q ☐	Q ☐	S ☐	S ☐	D ☐
→ Visualização	S ☐	T ☐	Q ☐	Q ☐	S ☐	S ☐	D ☐
→ Exercícios	S ☐	T ☐	Q ☐	Q ☐	S ☐	S ☐	D ☐
→ Leitura	S ☐	T ☐	Q ☐	Q ☐	S ☐	S ☐	D ☐
→ Escrita	S ☐	T ☐	Q ☐	Q ☐	S ☐	S ☐	D ☐

Segunda-feira [______] — Vou aceitar o desafio de fazer mais.

____

____

____

____

____

Terça-feira [______] — Eu amo todo mundo, inclusive a mim.

____

____

____

____

____

Quarta-feira [______] — Tenho pensamentos felizes de modo consciente para ser feliz.

____

____

____

____

____

Quinta-feira [______] — Vou enfrentar o dia de hoje com coragem e entusiasmo.

____
____
____
____
____

Sexta-feira [______] — Terei mais sucesso a cada dia que passa.

____
____
____
____
____

Sábado [______] — Não vou esquecer os que contribuíram para o meu sucesso; em vez disso, vou encontrar um jeito de agradecer a essas pessoas.

____
____
____
____
____

Domingo [______] — Conto minhas vitórias e não meus problemas.

____
____
____
____
____

[Revisão semanal] — Quais foram as minhas conquistas e decepções? Quais compromissos eu vou assumir AGORA para garantir que vou melhorar na próxima semana?

____
____
____
____
____

DÉCIMO/DÉCIMO PRIMEIRO MÊS (semana 44 de 52)

Objetivos/Compromissos principais — Os 3-5 principais objetivos que me comprometo 100% a conquistar nesta semana são:

____

____

____

____

____

Os Salvadores de Vida. Marque as práticas que você fez em cada dia.

→ Silêncio	S ☐	T ☐	Q ☐	Q ☐	S ☐	S ☐	D ☐
→ Afirmações	S ☐	T ☐	Q ☐	Q ☐	S ☐	S ☐	D ☐
→ Visualização	S ☐	T ☐	Q ☐	Q ☐	S ☐	S ☐	D ☐
→ Exercícios	S ☐	T ☐	Q ☐	Q ☐	S ☐	S ☐	D ☐
→ Leitura	S ☐	T ☐	Q ☐	Q ☐	S ☐	S ☐	D ☐
→ Escrita	S ☐	T ☐	Q ☐	Q ☐	S ☐	S ☐	D ☐

Segunda-feira [______] — Vou encontrar um jeito ou inventá-lo.

____

____

____

____

____

Terça-feira [______] — Eu sou o que faço repetidamente.

____

____

____

____

____

Quarta-feira [______] — Vou colocar meu coração em tudo o que faço.

____

____

____

____

____

Quinta-feira [______] — Não vou esperar para começar a ser feliz. Hoje é o dia.

Sexta-feira [______] — Sempre tenho disposição para experimentar algo novo.

Sábado [______] — Cada uma das minhas crenças é uma escolha.

Domingo [______] — Meus pensamentos positivos vão aumentar com a repetição.

[Revisão semanal] — Quais foram as minhas conquistas e decepções? Quais compromissos eu vou assumir AGORA para garantir que vou melhorar na próxima semana?

DÉCIMO PRIMEIRO MÊS (semana 45 de 52)

Objetivos/Compromissos principais — Os 3-5 principais objetivos que me comprometo 100% a conquistar nesta semana são:

Os Salvadores de Vida. Marque as práticas que você fez em cada dia.

→ Silêncio	S ☐	T ☐	Q ☐	Q ☐	S ☐	S ☐	D ☐
→ Afirmações	S ☐	T ☐	Q ☐	Q ☐	S ☐	S ☐	D ☐
→ Visualização	S ☐	T ☐	Q ☐	Q ☐	S ☐	S ☐	D ☐
→ Exercícios	S ☐	T ☐	Q ☐	Q ☐	S ☐	S ☐	D ☐
→ Leitura	S ☐	T ☐	Q ☐	Q ☐	S ☐	S ☐	D ☐
→ Escrita	S ☐	T ☐	Q ☐	Q ☐	S ☐	S ☐	D ☐

Segunda-feira [______] — Sou uma pessoa admirável, mesmo quando ninguém está olhando.

Terça-feira [______] — Vou aceitar tudo o que está além do meu controle.

Quarta-feira [______] — Nunca deixo a inércia falar mais alto que uma boa ideia.

Quinta-feira [______] — Quando encontro um desafio, não fico remoendo e já começo a procurar soluções.

Sexta-feira [______] — Não vou limitar a imaginação na hora de criar meus sonhos.

Sábado [______] — Vou saborear a alegria de compartilhar boas notícias com os outros.

Domingo [______] — Quando me vejo diante de um muro, eu saio para procurar uma escada.

[Revisão semanal] — Quais foram as minhas conquistas e decepções? Quais compromissos eu vou assumir AGORA para garantir que vou melhorar na próxima semana?

DÉCIMO PRIMEIRO MÊS (semana 46 de 52)

Objetivos/Compromissos principais — Os 3-5 principais objetivos que me comprometo 100% a conquistar nesta semana são:

____

____

____

____

____

Os Salvadores de Vida. Marque as práticas que você fez em cada dia.

→ Silêncio	S ☐	T ☐	Q ☐	Q ☐	S ☐	S ☐	D ☐
→ Afirmações	S ☐	T ☐	Q ☐	Q ☐	S ☐	S ☐	D ☐
→ Visualização	S ☐	T ☐	Q ☐	Q ☐	S ☐	S ☐	D ☐
→ Exercícios	S ☐	T ☐	Q ☐	Q ☐	S ☐	S ☐	D ☐
→ Leitura	S ☐	T ☐	Q ☐	Q ☐	S ☐	S ☐	D ☐
→ Escrita	S ☐	T ☐	Q ☐	Q ☐	S ☐	S ☐	D ☐

Segunda-feira [______] — Tudo em que acredito vai se transformar na minha experiência.

____

____

____

____

____

Terça-feira [______] — Toda ação positiva que faço gera sucesso.

____

____

____

____

____

Quarta-feira [______] — Nunca vou ficar sem ideias que me empolguem e inspirem.

____

____

____

____

____

Quinta-feira [______] — Trabalho sempre para liberar o potencial inesgotável que existe em mim.

____
____
____
____
____

Sexta-feira [______] — Vou acordar e descobrir que meus sonhos se concretizaram e que a pessoa em que desejava me transformar é o meu reflexo no espelho.

____
____
____
____
____

Sábado [______] — Eu acredito em mim, logo tudo é possível.

____
____
____
____
____

Domingo [______] — Vou definir meus objetivos como se não pudesse fracassar.

____
____
____
____
____

[Revisão semanal] — Quais foram as minhas conquistas e decepções? Quais compromissos eu vou assumir AGORA para garantir que vou melhorar na próxima semana?

____
____
____
____
____

DÉCIMO PRIMEIRO MÊS (semana 47 de 52)

Objetivos/Compromissos principais — Os 3-5 principais objetivos que me comprometo 100% a conquistar nesta semana são:

____

____

____

____

____

Os Salvadores de Vida. Marque as práticas que você fez em cada dia.

→ Silêncio	S ☐	T ☐	Q ☐	Q ☐	S ☐	S ☐	D ☐
→ Afirmações	S ☐	T ☐	Q ☐	Q ☐	S ☐	S ☐	D ☐
→ Visualização	S ☐	T ☐	Q ☐	Q ☐	S ☐	S ☐	D ☐
→ Exercícios	S ☐	T ☐	Q ☐	Q ☐	S ☐	S ☐	D ☐
→ Leitura	S ☐	T ☐	Q ☐	Q ☐	S ☐	S ☐	D ☐
→ Escrita	S ☐	T ☐	Q ☐	Q ☐	S ☐	S ☐	D ☐

Segunda-feira [______] — Vou levar meus sonhos a sério.

____

____

____

____

____

Terça-feira [______] — Nunca vou desistir e nem permitir que os outros desistam.

____

____

____

____

____

Quarta-feira [______] — Vou fazer a grandeza acontecer gradativamente na minha vida.

____

____

____

____

____

Quinta-feira [______] — Eu vejo o começo em cada final.

Sexta-feira [______] — Eu inspiro o melhor nos outros.

Sábado [______] — Sou uma pessoa rica em experiências, risadas e amor.

Domingo [______] — Procuro o bem e a beleza em todas as pessoas e em toda circunstância.

[Revisão semanal] — Quais foram as minhas conquistas e decepções? Quais compromissos eu vou assumir AGORA para garantir que vou melhorar na próxima semana?

DÉCIMO PRIMEIRO/DÉCIMO SEGUNDO MÊS (semana 48 de 52)

Objetivos/Compromissos principais — Os 3-5 principais objetivos que me comprometo 100% a conquistar nesta semana são:

____

____

____

____

____

Os Salvadores de Vida. Marque as práticas que você fez em cada dia.

→ Silêncio	S ☐	T ☐	Q ☐	Q ☐	S ☐	S ☐	D ☐
→ Afirmações	S ☐	T ☐	Q ☐	Q ☐	S ☐	S ☐	D ☐
→ Visualização	S ☐	T ☐	Q ☐	Q ☐	S ☐	S ☐	D ☐
→ Exercícios	S ☐	T ☐	Q ☐	Q ☐	S ☐	S ☐	D ☐
→ Leitura	S ☐	T ☐	Q ☐	Q ☐	S ☐	S ☐	D ☐
→ Escrita	S ☐	T ☐	Q ☐	Q ☐	S ☐	S ☐	D ☐

Segunda-feira [______] — Crio situações em que todos saem ganhando.

____

____

____

____

____

Terça-feira [______] — Sou sensível diante das necessidades alheias.

____

____

____

____

____

Quarta-feira [______] — Motivo os outros tendo fé neles.

____

____

____

____

____

Quinta-feira [______] — Sou uma pessoa aberta e que busca novas experiências.

Sexta-feira [______] — Concentro meus pensamentos e energia no que desejo conquistar.

Sábado [______] — Sou flexível e encontro formas de me adaptar às mudanças que surgem pelo caminho.

Domingo [______] — Digo a mim mesmo que posso até acreditar que realmente posso, então repito em voz alta até assimilar.

[Revisão semanal] — Quais foram as minhas conquistas e decepções? Quais compromissos eu vou assumir AGORA para garantir que vou melhorar na próxima semana?

O QUE VOCÊ PRECISA FAZER AGORA SE QUISER MESMO FAZER OS PRÓXIMOS 12 MESES SEREM AINDA MELHORES

ONDE ESTÁ O SEU FOCO AGORA?

Com este ano perto do fim e o próximo quase começando, em que você pensa na maior parte do tempo? Nas festas de fim de ano? Você quer passar um tempo com a família, tirar uns dias de folga do trabalho e arranjar tempo para relaxar?

Ou o seu foco está no novo ano que se aproxima, já pensando nas estratégias necessárias para *progredir ainda mais* e fazer do próximo ano o melhor de todos? A oportunidade de fazer o ano que vem ser O MELHOR ANO DA SUA VIDA é sem dúvida real, embora a pergunta a ser respondida seja: você está *pronto(a)* para fazer do próximo ano o melhor de todos? Infelizmente, a maioria das pessoas não está.

Ah, entendo. Você já ouviu isso antes. Talvez esteja um pouco descrente. Talvez não acredite de verdade. Talvez haja pessoas lendo isso e pensando: "Pois é, Hal. Este ano *devia* ser o melhor de todos, mas passou longe disso."

Quem define padrões e expectativas muito altas para si mesmo às vezes termina o ano sentindo que poderia ter progredido, feito e conquistado muito mais. Alguns podem até sentir que fracassaram. Acho que a maioria de nós está pronta para aprender com o passado, deixá-lo para trás e se concentrar em criar o melhor ano de sua vida.

EXISTE MESMO UM [SEGREDO]?

Existe um segredo que você pode colocar em prática agora e que vai quase garantir que o próximo ano será disparado, de longe e sem dúvida o MELHOR, mais maravilhoso, sensacional e transformador que você já teve!! Mas, antes de revelar o tal "segredo" (que na verdade é uma espécie de piada, pois não há segredos, apenas princípios e estratégias comprovados que, uma vez aplicados, darão os resultados e a vida que realmente desejamos), vamos ver por que a MAIORIA das pessoas fracassa de novo e de novo, apesar das boas intenções, e não consegue fazer cada ano ser melhor que o anterior.

POR QUE AS PESSOAS FRACASSAM?

Todo ano, nesta época, estamos concentrados sobretudo em dois temas: *as festas de fim de ano* e *o novo ano* que está chegando. O problema de pensar em ambos ao mesmo tempo é que eles criam mentalidades muito diferentes e quase conflitantes. Um é o momento de relaxar e pegar leve (as festas de fim de ano), enquanto o outro é a hora de se motivar e agir com tudo (o novo ano). Aí é que está o problema: enquanto as pessoas estão se preparando e dizendo que gostariam de fazer do próximo ano *o melhor da vida delas*, também estão criando e reforçando um arsenal de hábitos ruins que vão atrapalhar o sucesso nesse novo ano. Hábitos como *dormir tarde, dormir demais, comer demais, ter preguiça, procrastinar*, escolher fazer o que é *fácil* em vez do que é *certo* e outros tantos que destroem a chance de começar 1º de janeiro com tudo.

O [SEGREDO] REVELADO: O QUE VOCÊ PRECISA FAZER AGORA

A verdade é que fazer do próximo ano o melhor de todos NÃO começa no dia 1º de janeiro. Começa HOJE. Se você fizer o mesmo que a maioria das pessoas e se "der uma folga" nas próximas duas semanas, criando e reforçando um arsenal de hábitos improdutivos, estará se preparando para o fracasso no ano seguinte. Se tiver mesmo o compromisso de fazer do próximo ano o melhor da sua vida, você vai precisar se concentrar agora em fazer do resto de dezembro o melhor *mês* que já criou. Você precisa começar a viver cada dia AGORA do jeito que vai precisar viver todos os dias do ano que vem para fazer dele o seu melhor. Para isso, as festas não podem atrapalhar; elas devem ser apenas um momento para curtir com seus entes queridos. É preciso criar e reforçar os hábitos positivos agora e se condicionar em termos mentais, emocionais e físicos para ser a sua melhor versão no ano que vem. Assim, você vai garantir que o ano que vem seja o melhor.

VOCÊ terá grandes realizações no próximo ano, que serão melhores e maiores do que nunca! VOCÊ é inteligente. VOCÊ é capaz. VOCÊ merece. Imensas oportunidades estão à espera este ano e, se VOCÊ der tudo de si, não pode falhar!

Claro que haverá hesitação. É normal. Nós cometemos erros e aprendemos lições valiosas pelo caminho, mas o fracasso é uma mentalidade impossível para quem continua progredindo e nunca desiste! Decida FAZER o que é necessário e, mais importante, SER quem você precisa para fazer do próximo ano o melhor de todos.

Se houver algo que eu possa fazer para ajudar a conquistar seus objetivos e sonhos no ano que vem, mande um e-mail [em inglês] para hal@yopalhal.com.

DÉCIMO SEGUNDO MÊS (semana 49 de 52)

Objetivos/Compromissos principais — Os 3-5 principais objetivos que me comprometo 100% a conquistar nesta semana são:

Os Salvadores de Vida. Marque as práticas que você fez em cada dia.							
→ Silêncio	S ☐	T ☐	Q ☐	Q ☐	S ☐	S ☐	D ☐
→ Afirmações	S ☐	T ☐	Q ☐	Q ☐	S ☐	S ☐	D ☐
→ Visualização	S ☐	T ☐	Q ☐	Q ☐	S ☐	S ☐	D ☐
→ Exercícios	S ☐	T ☐	Q ☐	Q ☐	S ☐	S ☐	D ☐
→ Leitura	S ☐	T ☐	Q ☐	Q ☐	S ☐	S ☐	D ☐
→ Escrita	S ☐	T ☐	Q ☐	Q ☐	S ☐	S ☐	D ☐

Segunda-feira [______] — Mantenho o foco nos meus pontos fortes e em como posso expandi-los.

Terça-feira [______] — Receber críticas me motiva a provar que elas são infundadas.

Quarta-feira [______] — Sonho com o que ainda não existe e encontro um jeito de transformar isso em realidade.

Quinta-feira [______] — Agradeço a todos que fazem o meu dia ser melhor.

Sexta-feira [______] — Descarto as ideias antigas e abro espaço para as novas.

Sábado [______] — Gosto das minhas responsabilidades, não importa quais sejam.

Domingo [______] — Meu sucesso começa dentro de mim e permeia tudo ao meu redor.

[Revisão semanal] — Quais foram as minhas conquistas e decepções? Quais compromissos eu vou assumir AGORA para garantir que vou melhorar na próxima semana?

DÉCIMO SEGUNDO MÊS (semana 50 de 52)

Objetivos/Compromissos principais — Os 3-5 principais objetivos que me comprometo 100% a conquistar nesta semana são:

____

____

____

____

____

Os Salvadores de Vida. Marque as práticas que você fez em cada dia.							
→ Silêncio	S ☐	T ☐	Q ☐	Q ☐	S ☐	S ☐	D ☐
→ Afirmações	S ☐	T ☐	Q ☐	Q ☐	S ☐	S ☐	D ☐
→ Visualização	S ☐	T ☐	Q ☐	Q ☐	S ☐	S ☐	D ☐
→ Exercícios	S ☐	T ☐	Q ☐	Q ☐	S ☐	S ☐	D ☐
→ Leitura	S ☐	T ☐	Q ☐	Q ☐	S ☐	S ☐	D ☐
→ Escrita	S ☐	T ☐	Q ☐	Q ☐	S ☐	S ☐	D ☐

Segunda-feira [______] — Transformo minhas visões em realidade pelos meus atos.

____

____

____

____

____

Terça-feira [______] — Eu me esforço de modo extraordinário e mantenho a fé inabalável.

____

____

____

____

____

Quarta-feira [______] — Inspiro outras pessoas a agir quando comunico minhas intenções de modo autêntico e sincero.

____

____

Quinta-feira [______] — Eu me comprometo a despertar o que há de melhor nos outros.

Sexta-feira [______] — Julgo cada dia não só pelos resultados finais, mas também pelo esforço e paixão que investi nele.

Sábado [______] — Sempre aproveito as oportunidades de servir os outros.

Domingo [______] — Busco pessoas e eventos positivos para melhorar minha vida.

[Revisão semanal] — Quais foram as minhas conquistas e decepções? Quais compromissos eu vou assumir AGORA para garantir que vou melhorar na próxima semana?

DÉCIMO SEGUNDO MÊS (semana 51 de 52)

Objetivos/Compromissos principais — Os 3-5 principais objetivos que me comprometo 100% a conquistar nesta semana são:

____
____
____
____
____

Os Salvadores de Vida. Marque as práticas que você fez em cada dia.

→ Silêncio	S ☐	T ☐	Q ☐	Q ☐	S ☐	S ☐	D ☐
→ Afirmações	S ☐	T ☐	Q ☐	Q ☐	S ☐	S ☐	D ☐
→ Visualização	S ☐	T ☐	Q ☐	Q ☐	S ☐	S ☐	D ☐
→ Exercícios	S ☐	T ☐	Q ☐	Q ☐	S ☐	S ☐	D ☐
→ Leitura	S ☐	T ☐	Q ☐	Q ☐	S ☐	S ☐	D ☐
→ Escrita	S ☐	T ☐	Q ☐	Q ☐	S ☐	S ☐	D ☐

Segunda-feira [______] — Vou crescer e superar minhas circunstâncias atuais.

____
____
____
____
____

Terça-feira [______] — Não vou esperar que alguém me inspire; vou passar a me inspirar.

____
____
____
____
____

Quarta-feira [______] — Vou manter o compromisso com meu caráter.

____
____
____
____
____

Quinta-feira [____] — Sempre vou agir de acordo com o que falo.

Sexta-feira [____] — Vou falar das minhas intenções com toda a convicção.

Sábado [____] — Vou acreditar em mim 24 horas por dia, 365 dias por ano.

Domingo [____] — Vou fazer o que posso com o que tenho na minha situação atual.

[Revisão semanal] — Quais foram as minhas conquistas e decepções? Quais compromissos eu vou assumir AGORA para garantir que vou melhorar na próxima semana?

DÉCIMO SEGUNDO MÊS (semana 52 de 52)

Objetivos/Compromissos principais — Os 3-5 principais objetivos que me comprometo 100% a conquistar nesta semana são:

Os Salvadores de Vida. Marque as práticas que você fez em cada dia.

→ Silêncio	S ☐	T ☐	Q ☐	Q ☐	S ☐	S ☐	D ☐
→ Afirmações	S ☐	T ☐	Q ☐	Q ☐	S ☐	S ☐	D ☐
→ Visualização	S ☐	T ☐	Q ☐	Q ☐	S ☐	S ☐	D ☐
→ Exercícios	S ☐	T ☐	Q ☐	Q ☐	S ☐	S ☐	D ☐
→ Leitura	S ☐	T ☐	Q ☐	Q ☐	S ☐	S ☐	D ☐
→ Escrita	S ☐	T ☐	Q ☐	Q ☐	S ☐	S ☐	D ☐

Segunda-feira [______] — Valorizo e amo minha família tal como ela é.

Terça-feira [______] — Sinto gratidão por tudo que tenho hoje.

Quarta-feira [______] — Minha vida é um milagre.

Quinta-feira [_____] — Vou viver plenamente e saborear cada momento, porque a vida é feita de momentos.

Sexta-feira [_____] — Sou uma pessoa otimista. O copo está sempre 100% cheio (metade com abundância, metade com oportunidades infinitas).

Sábado [_____] — Todos os desafios da minha vida pavimentam o caminho para o sucesso.

Domingo [_____] — Sempre espero o que é bom.

[Revisão semanal] — Quais foram as minhas conquistas e decepções? Quais compromissos eu vou assumir AGORA para garantir que vou melhorar na próxima semana?

DÉCIMO SEGUNDO MÊS (semana 52 ½)

Objetivos/Compromissos principais — Os 3-5 principais objetivos que me comprometo 100% a conquistar nesta semana são:

____

____

____

____

____

Os Salvadores de Vida. Marque as práticas que você fez em cada dia.

→ Silêncio	S ☐	T ☐	Q ☐	Q ☐	S ☐	S ☐	D ☐
→ Afirmações	S ☐	T ☐	Q ☐	Q ☐	S ☐	S ☐	D ☐
→ Visualização	S ☐	T ☐	Q ☐	Q ☐	S ☐	S ☐	D ☐
→ Exercícios	S ☐	T ☐	Q ☐	Q ☐	S ☐	S ☐	D ☐
→ Leitura	S ☐	T ☐	Q ☐	Q ☐	S ☐	S ☐	D ☐
→ Escrita	S ☐	T ☐	Q ☐	Q ☐	S ☐	S ☐	D ☐

Segunda-feira [______] — Celebro este ano e estou preparado(a) para fazer o próximo ser ainda melhor!

____

____

____

____

____

Terça-feira [______] Hoje é a véspera do Melhor Ano da Minha Vida.

____

____

____

____

____

[Revisão semanal] — Quais foram as minhas conquistas e decepções? Quais compromissos eu vou assumir AGORA para garantir que vou melhorar na próxima semana?

REVISÃO ANUAL

Outro ano milagroso fica para trás! Agora é o momento ideal para revisar seu diário de *O milagre da manhã* e avaliar o ano respondendo quatro perguntas simples, porém importantes. Esse processo poderoso (que você já vivenciou ao fazer a REVISÃO DOS SEIS MESES) vai permitir que você obtenha um valor extraordinário sobre o ano que passou, aumentando sua consciência de modo a fazer ajustes e melhorias e garantir o progresso em todas as áreas da sua vida.

Lembre-se: este exercício é tão importante que recomendo reservar algumas horas para reler o que você escreveu no primeiro dia em seu diário de *O milagre da manhã* e reviver o ano inteiro antes de voltar para esta página e responder às quatro perguntas do "Melhor ano de todos" abaixo. Vá em frente e comece agora mesmo. Se agora não for um bom momento, coloque na agenda e faça isso o mais rápido possível.

Suas quatro perguntas do "Melhor ano de todos" para garantir que o próximo ano seja o MELHOR da sua vida!

QUATRO PERGUNTAS PARA MELHORAR SUA VIDA NOS PRÓXIMOS SEIS MESES

Tenha em mente que estas quatro perguntas são TÃO valiosas que, na primeira vez que fiz este exercício, as respostas foram tão impactantes a ponto de me inspirarem a passar um fim de semana inteiro refletindo sobre elas. (Observação: você pode responder a estas perguntas em dez minutos ou dez horas, então não sinta que *precisa* passar o fim de semana inteiro pensando nelas, como eu fiz.)

Aqui estão as quatro perguntas do "Melhor ano de todos", seguidas por alguns passos específicos a serem dados nos próximos dias para garantir que você coloque em prática o valor que obteve neste exercício:

1. O que conquistei?
2. Quais foram minhas maiores decepções?
3. Que lições importantes posso aprender com minhas conquistas e decepções?
4. Quais são minhas três principais diretrizes para o próximo ano?

P1 — O que conquistei?

Infelizmente, a maioria de nós acha mais fácil e tende a gastar mais tempo e energia se concentrando nos fracassos e nas decepções do que reconhecendo os sucessos e as conquistas. Contudo, todos nós vivemos *ambas as experiências*, e nos concentrarmos nos fracassos e no que "não conquistamos" apenas nos desestimula e prejudica a autoconfiança.

Apenas reconhecendo nossas conquistas podemos melhorar a autoimagem, aumentar a autoestima, dar um gás na autoconfiança e ganhar força para conquistar mais no futuro.

Na primeira vez que respondi esta pergunta e escrevi o máximo de conquistas que consegui lembrar (grandes e pequenas), cheguei a 42, e minha percepção da primeira metade do ano começou a mudar. Notei que não estava tão para trás quanto vinha dizendo a mim mesmo e permiti *me sentir bem* em relação a tudo que conquistei. Fechei os olhos, sorri e disse a mim mesmo, repetidas vezes: "Você está indo muito bem este ano, Hal... Você está indo muito bem este ano, Hal!" Isso pode parecer engraçado, mas foi ótimo passar um tempo reconhecendo minhas conquistas, para variar! Experimente. Acho que você vai ter uma surpresa agradável com os resultados.

P2 — Quais foram minhas maiores decepções?

Embora não seja necessário e muito menos saudável ficar remoendo as decepções, é importante e proativo reconhecê-las para que possamos aprender com elas e nos libertarmos. Como nós nos decepcionamos ou decepcionamos outras pessoas no ano passado? Que objetivos não conseguimos conquistar? Que hábitos ruins continuamos repetindo?

As decepções fazem parte da vida e acontecem com todo mundo. Se é possível aprender com elas, podemos usá-las para crescer, melhorar e não repetir os mesmos erros no futuro. Ao revisar o ano, quais foram suas maiores decepções?

P3 — Que lições importantes posso aprender com minhas conquistas e decepções?

Uma lição que coloquei em prática e que continua a me fortalecer para melhorar todos os aspectos da vida é: "Aprenda algo em todas as ocasiões." Quando se trata de aprender com as "conquistas", podemos ter lições importantes relacionadas ao que nos motivou, inspirou ou permitiu essas conquistas. Quanto a aprender com as decepções, podemos internalizar lições importantes sobre os pensamentos, comportamentos, ações, emoções ou hábitos que nos levaram a criar (ou não criar) o que nos decepcionou. Geralmente nossas maiores decepções oferecem as lições mais transformadoras.

P4 — Quais são minhas três principais diretrizes para o próximo ano?

Depois de reconhecer suas conquistas e decepções e extrair as LIÇÕES fundamentais para melhorar sua vida, o que vai trazer mais benefícios será escolher as três principais diretrizes para mantê-lo na linha no próximo ano. Você pode apenas copiar e colar suas três lições mais importantes e colocá-las em algum lugar onde possa ver todos os dias, a fim de manter o foco no que terá o maior impacto para melhorar sua vida no próximo ano e mesmo depois.

Estas são as três principais diretrizes para ter sucesso que criei em 2008:

1. Manter o foco em um projeto (ou tarefa) de cada vez e terminar tudo antes de seguir para o próximo.
2. Delegar todas as tarefas que não valorizem meus dons naturais e áreas específicas de excelência.
3. Fazer um esforço para que todas as minhas ações sejam DIVERTIDAS, feitas com AMOR incondicional e GRATIDÃO sincera.

E então, quais são as suas três principais diretrizes para ter sucesso no próximo ano?

1. ______________________________

____

____

2. ______________________________

____

____

3. ______________________________

____

____

Considerações finais: Parabéns por ter terminado o primeiro ano documentando a sua jornada de vida no diário de *O milagre da manhã*. Desejo felicidade, saúde e um sucesso extraordinário em tudo o que você fizer.

DEPOIMENTOS PARA *O MILAGRE DA MANHÃ*

Leia dois capítulos GRÁTIS (ou recomende para seus amigos e familiares) em www.MiracleMorning.com/Brazil

> "*O milagre da manhã* é a ÚNICA obra que vai gerar mudanças imediatas e profundas em *todas* as áreas da sua vida. Se você realmente quiser melhorar de vida, leia este livro agora."
>
> — RUDY RUETTIGER, jogador de futebol americano da Universidade de Notre Dame que inspirou o filme de sucesso *Rudy*

> "De vez em quando você lê um livro que muda o seu jeito de encarar a vida, mas é raro encontrar um livro que mude a sua forma de *viver*. *O milagre da manhã* faz tudo isso mais rápido do que você jamais imaginou ser possível. Recomendo demais a obra mais recente de Hal Elrod."
>
> — TIM SANDERS, autor de *O fator gente boa*, que está na lista dos mais-vendidos do *New York Times*

"Primeiro pensei que Hal tivesse enlouquecido. Por que alguém iria levantar tão cedo *todos os dias*?! Eu estava cético... até que experimentei. Quando coloquei as estratégias de Hal em prática, notei uma diferença imediata na vida pessoal e profissional. *O milagre da manhã* ensina você a assumir o controle da sua vida, não importa o seu passado. Recomendo demais."

— JOSH SHIPP, apresentador de TV e especialista em comportamento adolescente

"Ler *O milagre da manhã* é dar a si mesmo o presente de acordar todo dia para viver o seu potencial completo. Chega de adiar a vida que você deseja e merece ter. Leia este livro e aprenda a fazer isso."

— DR. IVAN MISNER, autor best-seller do *New York Times* e fundador da BNI®

"Eu adoro Hal Elrod. Ele é um professor impressionante e um homem de grande conhecimento e integridade. O primeiro livro dele, *Taking Life Head On!*, mudou toda minha forma de viver, e eu estava aguardando pacientemente o próximo. Só posso dizer que *O milagre da manhã* valeu a espera. Hal dá as dicas para criar o sucesso, a felicidade e a prosperidade que podem ter nos escapado por entre os dedos, e faz isso de um modo tão simples que todo mundo pode dar uma guinada na vida, não importam as circunstâncias."

— DEBRA PONEMAN, coautora de *Chicken Soup for the American Idol*® e fundadora da Yes to Success, Inc.

Este livro foi composto na tipografia Minion Pro, em corpo 11/16, e impresso em papel off-white no Sistema Cameron da Divisão Gráfica da Distribuidora Record.